시로 건축을 짓다

대한시문학협회 시선집 001
시로 건축을 짓다

지은이 | 추원호
발행인 | 노우혁
펴낸곳 | 앤바이올렛 / 대한시문학협회
펴낸이 | 정현덕
홍보팀 | 김지연

이사장 | 유정미
초판 인쇄 | 2025년 4월 18일
초판 발행 | 2025년 4월 25일
등 록 | 2021년 9월 29일, 제 2021-30호
주 소 | 02046 서울특별시 중랑구 동일로144가길 25-18(중화동)
전 화 | (편집) 02-491-9596
e-mail | powerbrush88@naver.com
ISBN 979-11-992401-0-0
ⓒ 2025, 추원호

* 책값은 뒤표지에 있습니다.
* 잘못 만들어진 책은 구입하신 서점에서 교환해 드립니다.

001 대한시문학협회 시선집

詩로 건축을 짓다

제당 **추원호** 시집

작은 찰나의 순간들이나 잊지 못할 기억들 세상과 소통하는 방법
마음속에 작은 울림이 된다면 그것이 저에게는 가장 큰 기쁨이 될 것입니다.

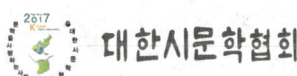

| 발간사 |

사랑하는 독자 여러분

 여러분과 함께 이 순간을 나누게 되어 기쁩니다. 제 첫 시집이 이렇게 세상에 나올 수 있게 되어, 그동안의 고민과 열정이 결실을 맺은 듯한 기분입니다. 이 책은 제가 다방면에서 겪은 경험과 느낀 감정들이 고스란히 담겨 있습니다.

 시를 쓰는 동안, 제가 느낀 작은 찰나의 순간들이나 잊지 못할 기억들이 여러분에게도 닿기를 희망합니다. 각 페이지마다 저의 마음과 생각이 녹아나 있으며, 독자 여러분의 마음속에 작은 울림을 주기를 진심으로 기원합니다.

이 시집은 저에게 단순한 글이 아니라, 제 삶의 한 부분이자, 제가 세상과 소통하는 방법이라고 생각합니다. 저의 시를 통해 위로와 감동을 느낀다면, 그것이 저에게는 가장 큰 기쁨이 될 것입니다.

앞으로도 다양한 이야기를 담아내는 시인이 되도록 노력하겠습니다. 여러분과 멋진 시의 여정을 함께 걸어갈 수 있어 감사합니다.

2025년 4월
제당 추원호

| 축하의 글 |

첫 시집 출간을 축하드립니다

유정미(대한시문학협회 이사장, 가나신학대학 부학장, 시인, 작가)

매서운 겨울이 봄빛에 꼬리를 내리고, 따사로운 햇살이 자연을 깨워 눈부신 꽃망울을 터트리는 아름다운 봄날에 추원호 시인의 첫 시집 출간을 진심으로 축하드립니다.

시의 향기 속에 깊은 뜻을 담아 세상을 비추는 한 줄기 빛이 되신 추원호 시인. 문학과 서예, 건축과 칼럼을 아우르는 깊은 학문과 예술적 감각 그리고 인격과 덕망을 두루 갖추신 추원호 시인의 발자취가 이 시집에 고스란히 담겨 있습니다.

추원호 시인은 대한시문학협회의 부회장과 사무총장으로서 기둥의 역할을 잘하시고, 성실함과 책임감으로 임원들과 회원들에게 모범이 되며, 황실문화재단 전북 지회장으로서 대한민국의 전통과 예절, 문화를 이어가며 발전시키고 있습니다.

더불어 서예가 창암이삼만선생기념선양회 이사장으로서, 대한민국노벨문학상수상기념시화협회 협회장으로서, 수많은 활동을 통해 우리 문학과 예술에 이바지하신 추원호 시인의 노력과 헌신에 깊은 존경을 표합니다.
　더 붙어 안디옥교회 장로로서 신앙을 실천하며, 섬김과 봉사의 길을 걸어오신 따뜻한 마음이 이 시집을 통해 많은 이들에게 위로와 감동이 있으리라 봅니다.

　추원호 시인의 첫 시집이 독자들의 마음속에서 한 떨기 매화처럼 피어나고, 빗방울의 울림처럼 긴 여운을 남기길 기원합니다.
　다시 한번 첫 시집 출간을 축하드리며, 앞으로도 더 큰 문운이 함께 하시길 바랍니다.

| 축하의 글 |

첫 시집 출간을 축하드립니다

황손 이석(황실문화재단 총재)

차가운 겨울 지나고 완연한 봄날이 왔습니다.
따뜻한 햇살이 온 산하를 깨워 꽃망울을 터트리는 봄날에 건축설계사이자, 황실문화재단 이사 제당 추원호 님의 첫 시집 출간을 축하드립니다.

봄날 꽃의 향기 속에, 무에서 유를 창조하는 건축가 추원호 시인은 문학과 서예를 깊게 아우르며 학문과 예술적 감각, 인격과 덕망을 겸비한 추원호 시인의 사색이 고스란히 담겨 있습니다.

건축사 추원호 시인은 황실문화재단 이사로 오랜 시간 나와 함께 했으며 황실문화의 중요성을 강조해 왔고 대한시문학협회의 부회장과 사무총장으로서 혁혁한 공로를 세웠으며 성실함과 책임감으로 임원들과 회원들에게 모범이 되어, 대한민국의 전통과 예절, 문화를 이어가며 발전시키고 있습니다.

또한 조선 후기 3대 서예가 중에 한 분이신 전주 출신 창암이삼만선생기념선양회 이사장으로서, 대한민국노벨문학상수상기념시화협회 협회장으로서, 많은 활동을 통해 우리 시문학과 예술에 기여한 추원호 시인의 헌신에 깊은 존경을 표합니다.

또한 안디옥교회 장로로서 성도들의 섬김과 봉사의 길을 걸어온 신앙심이 시집을 통해 세상 사람들에게 위로와 감동이 되리라 믿습니다.

추원호 시인의 첫 시집 출간을 다시 한번 축하드리며, 앞으로도 더 큰 소망이 함께 하시길 기원합니다.

| 축하의 글 |

시의 향기가 세상을 맑게 하기를

김호운(소설가·수필가, 한국문인협회 이사장)

추원호 시인께서 이번에 첫 개인 시집을 낸다고 합니다. 크게 축하합니다. 추원호 시인은 훌륭한 작품을 쓰는 시인이기도 하지만 신앙심이 깊은 종교인이기도 합니다. 또한 서예와 건축에도 조예가 깊어 훌륭한 글을 발표하는 칼럼니스트이기도 합니다. 지난해 12월에는 우리나라 최초로 노벨문학상을 수상한 한강 소설가의 업적을 기려 노벨문학상 수상 기념 100인 시화전을 기획하여 열기도 하였습니다.

추원호 시인은 이처럼 문학을 사랑하면서 한편으로는 우리 사회가 아름다워지도록 다양한 분야에 걸쳐 직접 행동으로 모범을 보여주는 훌륭한 시인입니다.

저는 평소에 문학이 책에서 나와 독자와 함께 일상에서 꽃을 피워야 한다는 걸 강조합니다.

문학의 주인이 독자이기에 그렇기도 하지만, 우리 문학이 널리 사랑받게 되면 우리 사회가 맑고 아름답게 변화하기 때문입니다. 추원호 시인 역시 이런 관점에서 문학이 일상에 스며들도록 다양한 노력을 하고 계십니다. 참 고마운 일입니다.

이번에 펴내는 추원호 시인의 시집이 독자들에게 널리 사랑을 받기를 희망합니다. 한 편 한 편의 시가 한 그루 나무가 되어 문학의 숲을 이루도록 기원합니다.

| 축하의 글 |

글로 집 짓는 시인

이형구 (전북시인협회장)

　글을 습작하여 나 아닌 타인 앞에 내놓는다는 것은 상당한 용기가 필요합니다. 어원적 선택의 고민을 넘어서 상징성이 내포되어야하는 복합적이고 융합적인 고도의 예술성이 함축되어야 하기에 참으로 많은 고심을 거듭해야합니다.

　추 시인님은 바른 사회를 위하여 작은 밀알처럼 여러분야에서 셀 수 없는 많은 봉사로 귀감이 되고 본이 되어온 분이라는 것을 주변에서 자자하게 전해지고 있습니다. 특히 예술분야에서 대한시문학협회의 부회장으로, 창암이삼만선생기념선양회 이사장으로서, 최근에는 대한민국 최초 노벨문학상수상기념 시화전시회 대회장으로 크게 자리메김을 하셨고 더욱이 고향의 문단을 위하여 전북시인협회 진안지역 위원장으로서 책임과 의무를 다하고 있는 것으로 알고 있습니다.

시간을 다투어 살며 고단하고 어려운 과정들을 이겨내고 생애 첫 시집을 상재한 추 시인님에게 진심어린 축하의 말씀을 드립니다. 타고난 예술성이 충만하여 한 줄의 씨줄뿐만 아니라 서예의 대가로서, 인간의 의식주의 한 면을 차지하는 삶의 보금자리인 건축가로서 왕성한 활동은 자랑스럽기 그지없습니다.

사람이 태어날 때는 이왕이면 만물이 소생하는 봄날, 풀꽃마져도 아름다워보이는 봄에 태어나라고 하는 말처럼 산고를 거듭하여 주옥같은 글을 조삼조삼 엮어서 따사로운 봄볕에 내놓으셨으니 오늘 이 한 권의 시집 『詩로 건축을 짓다』는 우주만큼의 큰 보람이라고 보여집니다.

기쁘기 그지없고 감사함이 충만해집니다. 이제 글 눈의 문을 열었으니 더 좋은 심상으로 문운이 창성하시길 간절히 바랍니다.

거듭 축하의 말씀을 드립니다.

차례

| 발간사 | ········ 4
| 축하의 글 | 유정미(대한시문학협회 이사장) ········ 6
| 축하의 글 | 황손 이석(황실문화재단 총재) ········ 8
| 축하의 글 | 김호운(소설가·수필가, 한국문인협회 이사장) ········ 10
| 축하의 글 | 이형구(전북시인협회장) ········ 12

1부 봄날은 익어간다

목련꽃 ········ 25
세월아 ········ 26
춘몽의 기척 ········ 28
봄날은 익어간다 ········ 29
봄의 향연 ········ 30
심술통이 봄비 ········ 31
벚꽃의 낙화 ········ 32
춘사월의 향연 ········ 33
벚꽃의 향연 ········ 34
봄이 오는 소리 ········ 36
봄바람의 시샘 ········ 37
가족 사랑 ········ 38
인생무상 I ········ 39
인생무상 II ········ 40
동면을 깨치고 ········ 41
봄날은 왔는데 ········ 42
봄날 ········ 44
동면을 보내고 ········ 45

봄소식 ········ 46
꽃과 나비 ········ 47

2부 유혹의 손길
산딸기 열정 ········ 51
느티나무 그늘 ········ 52
팔월의 무더위 ········ 54
서릿발 아파트 ········ 56
유혹의 손길 ········ 57
유월의 향기 ········ 58
청보리밭 ········ 59
짝사랑 ········ 60
오월의 서러움 ········ 62
그리운 고향 ········ 64
5월이 오면 ········ 65
오월의 단비 ········ 66
여름의 행복 ········ 67
상강 ········ 68
그리움 ········ 70
오이 넝쿨 ········ 71
호박잎의 매력 ········ 72
유월의 시간 ········ 74
쫀딩이의 선심 ········ 75
풀잎 사랑 ········ 76
배앓이 ········ 77
심술궂은 무더위 ········ 78
밤하늘의 추억 ········ 79

3부 진정 가을은 왔는가
가을은 오는데 ········ 83
마주친 눈빛 ········ 84
가을밤의 회상 ········ 85
찾는 자에게 잡히나니 ········ 86
진정 가을은 왔는가 ········ 88
시월의 가을 I ········ 90
시월에는 ········ 92
가을 아침의 기도 ········ 94
억새풀의 마음 ········ 96
가을비 ········ 97
가을은 왔는데 ········ 98
꽃잎이 질 때마다 ········ 100
가을의 눈물 ········ 102
9월이 되면 ········ 103
가을 잎의 매니큐어 ········ 104
허전한 마음 ········ 105
들녘의 외로움 ········ 106
서글픈 시간 ········ 107
보름달 I ········ 108
보름달 II ········ 109
어둠을 깨뜨리고 ········ 110
입추 ········ 112
착각 ········ 113
늦가을 ········ 114
깊어가는 가을 ········ 115
삭발 ········ 116
구절초 ········ 117

고구마 캐는 날 ········ 118
혼례식 ········ 119
가을의 향기 ········ 120
11월이 오는 길목 ········ 122
청포도 사랑 ········ 124
고별 ········ 125
알밤 ········ 126
텅 빈 들녘 ········ 127
익어가는 가을 ········ 128
휴일의 오후 ········ 130
갈대의 미소 ········ 131
고추의 추억 ········ 132
꽃보다 단풍 ········ 133
가을의 밥상 ········ 134
남기고 간 사랑 ········ 135
시월의 가을 Ⅱ ········ 136
청명지절 ········ 137
소쩍새 울음소리 ········ 138
바닷가의 추억 ········ 139
깻잎의 일생 ········ 140
응결된 슬픔 ········ 141

4부 추억의 눈길

공허한 마음 ········ 145
마지막 2월 ········ 146
눈꽃송이 ········ 147
섬진강 강가에서 ········ 148
가는 세월 ········ 150

눈이 녹으면 ········ 152
빈들에 서서 ········ 153
겨울 향기의 추억 ········ 154
설화 ········ 155
희생 ········ 156
1월 끝자락 ········ 157
추억의 눈길 ········ 158
새해는 변함없이 ········ 159
겨울 아침 ········ 160
동백꽃 ········ 162
눈 날리는 날 ········ 163
첫눈 ········ 164
격려 ········ 165
안방 콩나물 ········ 166
요강 ········ 167
마지막 잎새 ········ 168
함박눈이 내릴 때 ········ 169

5부 관용과 사랑
저녁노을 ········ 173
생명을 다해 ········ 174
저녁노을의 속삭임 ········ 175
수월경화(水月鏡花) ········ 176
세월은 구름처럼 ········ 177
다슬기 ········ 178
맥문동의 율동 ········ 179
자연의 노여움 ········ 180
파도 ········ 181

계절은 흐른다 ········ 182
석양 ········ 183
누에의 삶 ········ 184
강아지풀의 겸손 ········ 186
내 마음은 바다 ········ 188
맨발 ········ 190
밤송이 ········ 191
옥구슬 ········ 192
밤꽃의 속삭임 ········ 194
노를 저어라 ········ 196
메밀꽃 연정 ········ 198
창공의 조각가 ········ 199
연리지 사랑 ········ 200
메밀꽃 마음 ········ 201
아침에 너를 본다 ········ 202
거미줄 ········ 204
빨래 ········ 205
화분들의 미소 ········ 206
마음의 여유 ········ 207
흐르는 바람 따라 ········ 208
새벽녘의 소망 ········ 209
바닷가의 속삭임 ········ 210
관용과 사랑 ········ 211
폭풍과 바다 ········ 212
떠나간 자리 ········ 213

6부 일상
천년 전주의 노래 ········ 217

누군가 그리울 때 ········ 218
끝은 어디일까 ········ 219
너 나가!!! ········ 220
아파트의 삶 ········ 222
기후 위기 ········ 223
마음의 비밀번호 ········ 224
침묵은 금 ········ 225
부천시 호텔 화재를 보며 ········ 226
역지사지(易地思之) ········ 227
열린 마음 ········ 228
슬픈 인연 ········ 229
도로의 하소연 ········ 230
붕어의 욕심 ········ 232
비록 힘들지라도 ········ 234
이음매 ········ 235
정겨운 친구 ········ 236
인생의 길 ········ 238
무슨 죄를 지었길래 ········ 239
쇠보다 무거운 것 ········ 240
인질 ········ 242
액자 속 사진 ········ 243
달빛 고등어 ········ 244
죽마고우 ········ 245
바늘 ········ 246
이심전심 ········ 247
마음이 흔들릴 때 ········ 248
조각하는 시간 ········ 250
삶의 터 ········ 251

건물과 육신 ········ 252
부족한 일손 ········ 254
고향으로 돌아가리라 ········ 255
보는 관점 ········ 256
욕조의 슬픔 ········ 257
그 어느 것보다 ········ 258
승리의 환호성 ········ 259
들고양이의 슬픔 ········ 260
붓끝이 가는 대로 ········ 262
다급한 마음 ········ 263
세월 ········ 264
상경 ········ 265
아버지 발은 대통령 발 ········ 266
생각하면 이루어진다 ········ 268
우편함 ········ 269
콘크리트 쓰나미 ········ 270
한 번의 삶 ········ 271
망각의 방호벽 ········ 272
카톡 친구 ········ 273
익어가는 세월 ········ 274
아침인사 ········ 275

7부 존엄스러운 대 자연
꽃의 특성 ········ 279
바다와 샛강 ········ 280
살아온 흔적 ········ 282
존엄스러운 대 자연 ········ 284
자전 ········ 286

생명력 ········ 288
사랑이란 ········ 289
아름다운 인연 ········ 290
동굴과 터널 ········ 292
바위 ········ 294
끝없는 기도 ········ 295
삶의 필요조건 ········ 296
새 생명 주셨으니 ········ 298
불의 세계 ········ 299
삶의 멍자국 ········ 300
믿음의 선택 ········ 302
연리지 ········ 304
인연 ········ 305
천사들의 합창 ········ 306
말의 힘 ········ 307
마음은 어디에 ········ 308
빛의 존재 ········ 310
시작은 미약하였으나 ········ 311
구름 아래 풍경 ········ 312
출산의 고통 I ········ 314
출산의 고통 II ········ 315
오늘의 기도 ········ 316
청산 무언 ········ 318
누가 알까 ········ 319
접선 ········ 320

1부

봄날은 익어간다

목련꽃

가지 끝에 달린 붓으로
하늘 먹구름에 묻혀
일필휘지로 글씨를 쓴다

추사 김정희의 스승일까
흐르는 먹물
한입에 물고
누가 더 잘 쓰나
일제히 휘날려 나부낀다

희뿌연 하늘 화선지 펴고
뾰족한 붓끝으로
그림도 그리고 나니
떨어진 먹물 담을 길 없어
붉은 입 벌리고
지친 듯 흐느적거리는 목련

하얀 솜털 바람에 씻고
밤하늘 이곳저곳에
반짝이는 별을 콕콕 찍는다.

세월아

봄은 지나가면 또 오고
잎새는 피고 지면
다시 피는데
우리의 삶은 일회용으로
한번 가면 다시 오질 않네
젊음은 싱싱해서 좋으나
늙으면 다시 돌아올 날 없고
건강할 때 친구들 불러
한턱씩 쏘게나
늙으면 말을 적게 하고
지갑은 열라는 말이 있듯이
백세시대 늙어 누워 있으면
아무런 소용없고
주름진 얼굴 필 날이 없다네
가지 위에 하얗게 쌓인 눈
봄날 햇볕에 녹지만
아침에 하얗게 핀 머리칼은
봄바람 불어와도 녹지 않네
흘러간 물은 돌아올 줄 모르고
허공에 떠다니는 구름
한눈판 사이 금방 사라지네

세월은 나를 기다려주지 않고
늙음은 석양에 지는 해처럼
쉬이 지나간다네.

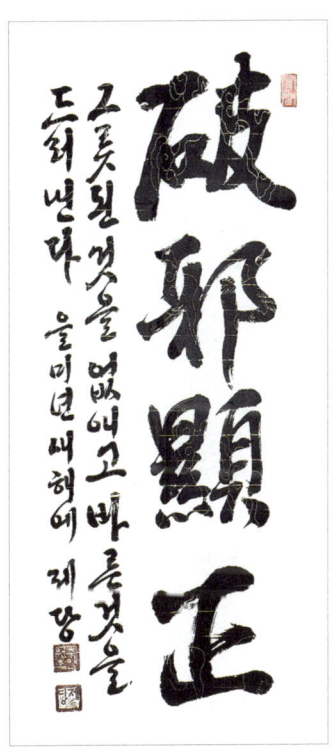

춘몽의 기적

피부의 잔털도 민감한
봄날의 소슬한 바람이 분다

코털도 간지러운
살랑살랑 부는 봄바람은
모든 잠든 생명을 부활시키는
역동적인 힘

기나긴 겨울 움츠렸던 근육
제 살 찢어 뾰족이 움트는
생명의 소리가 들린다

오랜 육신의 고통을 이겨낸
승리의 환호처럼
지천에서 터지는 폭발음

꽃망울 터질 때마다
하얀 분가루가 하늘을 난다

환희의 나팔 소리
가느다란 나뭇가지를 흔들며
생에 대한 강렬한 욕구로
향기 되어 대지에 흐른다.

봄날은 익어간다

봄바람에 못 견딘
새해 소망과 희망의 상징
벚꽃과 복사꽃 다 지나니
파란 이파리가 더욱 기세를 부린다

싱그러운 연녹색 잎은
봄기운을 흠뻑 머금어
더욱 푸르러지고

그래도 아쉬운 듯
길가의 산벚나무
한두 군데 꽃잎이 피어난다

꽃과 잎이 서로 만날 수 없는
상사화나 꽃무릇보다는
얼마나 더 행복한가

간지러운 봄비에 힘을 얻어
파란 잎새 사이로
하나둘 피고 지는 벚꽃들이여.

봄의 향연

칙칙했던 회색의 도심 가로변
어느덧 춘삼월 지나니
연녹색으로 치장한다

무겁고 어두웠던 도심
하얀 벚꽃 지고 나니
그 자리를 차지한 실록의 계절

언제 보아도 변함이 없는
싱싱한 푸른 나뭇잎
지친 마음을 다독여 준다

딱딱하고 마른 나뭇가지에
그렇게 부드러운 나뭇잎이
샘물처럼 솟아 나올 줄이야

조그만 티눈에서 생명이 움터
따스한 봄볕에 몸 달아
부드러운 연녹색으로
자연을 변화시킬 줄이야.

심술통이 봄비

시샘 어린 봄비에
맥없이 낙화하는 꽃잎들
온 세상 나를 보란 듯
화들짝 피었던 꽃잎
언제까지 화사한 모습으로
자신의 아름다움을 자랑하듯
교만한 마음은 아니었을까
그런 모습을 탓이나 하듯
어김없는 비바람이 몰아친다
더 이상 붙어 있으래야
붙어 있을 수 없는 시간
빗줄기는 매몰차게 흔들어댄다
흔들리는 가지에서 이탈한 꽃잎
어쩔 수 없는 한숨과 함께
달리는 자동차에 부딪치고
사방으로 흩날린다
때에 따라 찾아오는 세찬 봄바람
견딜 수 없는 한계에 도달한 순산
힘없이 가지에서 손을 놓는다
한때 온 천지를 뒤덮을 듯
기세등등한 그 요염함이
억센 비바람에 겸손히 고개를 숙인다.

벚꽃의 낙화

활짝 핀 벚꽃이 떨어지니
어찌할 줄 몰라
도로 위에서 방황한다

추위를 견디고 세상에 나온 생명
벌써 춘삼월 봄바람에
길거리 이리저리 휘날린다

맥없이 낙화된 꽃잎들
내달리는 차량 꽁무니 따라가며
모체에서 떨어진 슬픔
위로해 달라고 아우성이다

짧은 생명 다하고 나니
그 자리를 대신하는 파란 잎새

오호라 슬픔이 남긴 뒤에
또 다른 생명을 탄생하니
벚꽃의 낙화는 아름답구나.

춘사월의 향연

겨우내 움츠렸던 꽃봉오리
이산 저산 온천지에
화사한 벚꽃들이
펑펑 터지는 소리가
귓가에 쟁쟁하다

벚꽃이 세상에 알리는 것은
일상 일이 슬프고 괴롭더라도
한번 피고 지는 꽃처럼
활짝 웃고 잊어버리라는 뜻

눈 깜짝할 사이 피고 지는
봄날의 하얀 꽃들처럼
순간적인 삶이 끝나고 나면
파란 잎으로 또 다른 세상을 만들고
생기 있는 자연으로 돌아갈지니

우리의 삶도 그렇게
희망과 기쁨을 안고
춘사월을 맞이합시다.

벚꽃의 향연

춘사월이 다가오니
이곳저곳 팝콘 터지는 소리
동네방네 요란을 떤다

응얼진 웃음 참지 못하고
끝내 터뜨리는 벚꽃의 아우성

푸른 하늘 바라보며
따뜻한 봄기운에 견디지 못하고
몸부림치며 펑펑 터지는
하얀 벚꽃의 향연

구수한 향기가 아닌
코끝을 간지럽히는
벚꽃만의 향내가 좋다

밤새 움츠렸다가
아침이면 한꺼번에 터지는
벚꽃들의 웃음 잔치

이것도 잠시
비바람 치는 날 눈꽃 되어
세상에 흩뿌려지니
짧은 생명 어찌하오리까.

봄이 오는 소리

초가집 처마 끝에
검정 고무신 잠자는
뜰팡이 그리워
길게 고드름 매달리고
뒤뜰 굴뚝에는 하얀 연기
모락모락 피어나는 아침
부뚜막 아궁이에 군불 지핀다
아랫목 식어지는 아침
가족들 생각하며
장작불 들추고
타다 남은 숯덩이 불에
고구마 몇 개 올려놓고
검정 솜이불 속에 추위를 견디는
부모님 옆에 두고 온다
처마 끝에 매달린 고드름
봄이 오는 소리와 함께
마당에 힘없이 꽂힌다.

봄바람의 시샘

봄날을 시샘하는 바람
어쩐지 조용하나 싶었는데
심난하게 바람이 분다

천지에 벚꽃이 피었는데
가만히 있을 리 없다

화사한 벚꽃
가만히 두고 보면 어떤지
세찬 바람 나부끼며
나뭇가지 흔들어 댄다

그토록 화사한 벚꽃
질투하지 말고
가만히 보고 있을 수 없었을까

떨어지기 싫은 꽃잎
길거리에 나뒹구는 모습 보니
아마도 파란 잎이 시킨 것 같다

나뭇가지 흔들지 말고
그냥 보고만 있지 못할까
질투심 많은 봄바람이여.

가족 사랑

가물었던 땅에
모처럼 봄비가 내려
물웅덩이가 생겼다
그것도 좋은지
개구리 가족들 모여
모처럼 재잘거린다
그동안 얼마나 목이 탔을까
봄비가 내려 물웅덩이 생기니
찌들었던 먼지와 때
이참에 씻겨나 보자
목소리도 청량하게 개골개골.

인생무상 I

갓 나온 새 부리일까
필방에서 방금 구입한
하얀 붓털일까

이른 봄 나뭇가지에
천사처럼 앉아
날갯짓하며 손짓한다

푸른 하늘을 붓끝으로 그리며
가지 끝에 매달려
봄날을 즐기는 목련

세상의 그 어떤 꽃보다
화려한 자태에 매혹적인 춤

그토록 고고한 품위도
흐르는 세월에 못 견디어
누런 삼베옷 입고
처량하게 낙화하는 목련꽃.

인생무상 II

흐른다는 것은
세월만이 아닙니다
겨울이 가면 봄이 오고
봄이 되면 얼었던 얼음도
계곡을 따라 흘러갑니다
흐르는 것은 눈물만이 아니다
구름도 바람도 흐르고
시간도 무심히 흐르듯이
기쁨도 슬픔도 흘러갑니다
세월이 흐르니
마음도 생각도 변하고
바라보는 시각도 달라집니다
모든 것이 흐르지 않으면
고여서 썩기 마련
지구나 세상이 살아있음은
멈추지 않고 돌고 돌아
끊임없이 흘러가기 때문이리라.

동면을 깨치고

가늘고 기다란 나뭇가지
살았을까 죽었을까
고요히 침잠하는 생명들

가지 마디 마디마다
티눈 같은 꿈틀대는 기운들

겨우내 잠들었던 생명
불어오는 봄기운에 힘을 얻어
움찔거리며 기지개 켜려 한다

남쪽에는 이미 꽃이 피고
파란 새싹들 돋아나는데
들려오는 봄소식에
두꺼운 각질 벌리고
붓끝 같은 뾰족한 어린 새싹

추운 겨울을 이기고
두 팔 벌려 힘껏 손을 뻗친다.

봄날은 왔는데

봄바람 살랑살랑
어깨가 들썩인다

겨우내 움츠렸던 기운
남녘 소식의 매화 향기
설 잠을 깨우고
마음은 이미 남쪽 강변

이곳저곳 하얀 두건
밤새 눈이 내린 걸까
손 흔들며 반겨주는 매화

다가서면 다가설수록
짙게 풍겨주는 매화 향기

땅속 깊은 곳 숨겨 놓은
꽃향기 단지 뚜껑 열어
온 산하에 흩뿌린다

꽃송이 끝에 매달린 물방울
반가움의 눈물일까
그리움의 기쁨일까

그토록 봄 되기를 기다렸던
매화의 진토 사방에 퍼진다.

봄날

삼월 이른 아침
산새 소리 울려 퍼지는 계곡
햇살이 가지를 젖히고
수북이 쌓인 낙엽을 간지럽힌다
땅속에서 솟구치는 새싹
겨우내 누웠던 허리
기지개 켜며 들썩거린다
새싹의 날카로움에 아팠을까
이리 뒤척 저리 뒤척
흐르는 바람결에 손을 얹고
들썩거리는 소리가 요란하다
오늘은 눈을 겨우 뜨고
겨울잠에서 깨어난다는 경칩
이제 이곳저곳 웅덩이에서
개구리 우는 소리가 요란하겠지
아마도 짝을 찾는 울부짖음
얕은 물 속 한 아름 알을 까고
꼬리치며 육지로 나아오리라.

동면을 보내고

산새 소리 자장가에
기나긴 겨울 한숨 자고 나니
허리가 아팠을까
봄바람에 부스럭거리는 낙엽들
옹기종기 웅크리고 구겨진 모습
봄날의 따스한 기운이 맴돌고
수북이 쌓인 낙엽들
들썩거리며 기지개 켄다
일어나려 해도 힘겨운 육신
보다 못해 스쳐 가는 봄바람이
날개 한쪽을 잡아 일으켜 준다
너무 오래 누웠을까
잡는 손 놓쳐버린 낙엽들
그 자리에 다시 벌러덩 눕는다
어쩔 수 없는 노쇠
서로 부둥켜안고
지나간 시절 얘기 꽃피워 볼까
뾰족이 올라오는 새싹에
등짝이 찔렸을까
구부러진 허리 뒤뚱거리며
자리를 내어주는 낙엽들.

봄소식

차가운 아스팔트 균열 틈
뾰족이 얼굴을 내미는 새싹

겨우내 움츠려 있다가
멀리서 들려오는 봄소식에
몹시도 궁금한지 고개를 내민다

야리야리한 지체가
땅속에서 힘이 생겼을까

단단한 껍질을 벌리며
두 팔 힘껏 벌리고
하늘을 들어 올린다.

꽃과 나비

당신을 향한 나의 친절이
한 송이 꽃으로 전달되어
기쁨이 되었으면 좋겠다

보내드린 나의 작은 마음
기뻐하는 너의 미소가
온종일 떠나지 않았으면 좋겠다

비록 너와 나는 멀리 있어
보고 싶을 때 볼 수 없지만
나의 미소가 네게
눈부신 하루가 되었으면 좋겠다

찬란한 햇살이 온몸에 비추면
간지러워 몸부림치는
꽃들의 환호성처럼
그런 하루가 되었으면 좋겠다.

2부
유혹의 손길

산딸기 열정

뜨거운 여름 장마철 되면
거친 풀숲에 숨어
충혈된 눈으로 바라본다

너무 뜨거워서 그럴까
아니면 임 그리워
뜬 눈으로 날밤 새워
기다림에 지친 눈일까

바위틈 가느다란 줄기에
토실토실 매달려
반짝거리는 눈으로
유혹하는 정열의 산딸기

사랑하는 여인의 젖꼭지처럼
말랑말랑 보드라운 살결
손가락 쥐면 터질까
입에 넣으면 안타까워
혀끝으로 굴려본다

느티나무 그늘

지금처럼 무더운 여름 되면
동네 어귀 커다란 느티나무
시원한 그늘이 그립다

논밭에서 땀 흘리며 일하다
느티나무 그늘 밑에 앉아
담배 피우던 어르신들 모습
때론 시원한 국수에 고구마 한 개
막걸리에 고추 하나 된장에 찍어
입 한 모금 즐겁게 해 주던 시절

그늘막 없던 그 시절에
하얀 모시복에 밀짚모자 쓰고
돗자리 깔고 바둑판 놓아
무더운 여름 한나절을 보내던
동네 어르신들의 모습

옆에서 귀엣말로 살짝
훈수 두시던 어른을
못마땅하게 바라보는 눈길
그래도 귀청 떠나갈 듯 울어 젖히는
매미의 울음소리에 더위는 식어간다

가끔 바둑판 위에 떨어지는
낙엽 하나를 바라보며
바람처럼 흘러가는
인생의 허무함을 탓할 시간도 없다.

팔월의 무더위

폭우가 그치고
습기가 눅눅한
공기를 헤치며
숲길을 걷는다

매미는 지칠줄
모르게 목줄기
터져라 외치고
걷는이 힘겹게
땀줄기 흐른다

걸어도 걸어도
식을줄 모르는
팔월의 한증막
소낙비 내리면
더위가 식을까
그친비 지나도
온도는 여전히
제자리 맴도네

나무밑 찜질방
잠시만 머물다
가슴을 감싸고
발걸음 재촉해
우물가 수돗물
발바닥 담그네.

서릿발 아파트

석양에 해가 질 무렵
멀리 펼쳐진 도심 속에
우뚝 솟은 아파트 군락들
뜨거운 여름철
도심 속 분수대 바닥에서
솟아나는 물방울처럼
겨울이 오기 전
흙을 뒤집고 솟아나는
경직된 서릿발 모습처럼
가을 되면 텅 빈 논밭
황량한 들판에
천지개벽한 아파트 촌
우뚝우뚝 솟아있는
뾰족한 콘크리트 건물
먼 곳에서 바라보이는
도심의 모습을 보니
늦가을 황토 흙을 젖히며
힘차게 기지개 켜는
서릿발 같은 모습으로
도시는 성장하는가 보다.

유혹의 손길

장미의 계절
오월이 지나가니
노란 저고리 색동옷 입고
유월을 맞이하는 왕족의 꽃

1950년대에 북미에서
수입해 들어온 식물로
우주의 밤하늘
반짝이는 별처럼 불 밝히고
고달프고 힘든 내 마음을
위로해 주는 국화꽃 일종

가을철 코스모스도 아니고
구절초도 아닌 것이
눈에 띄게 이쁘다

어두운 세상
환히 밝혀주는 등불처럼
톡톡 튀는 너의 모습

오뉴월에 접어드니
지나가는 나그네 유혹하는
노오란 금계국의 미소.

유월의 향기

하얀 실로 엮고 엮어
매듭지어 매달았네
가지마다 분수처럼
물을 뿜어내는 밤꽃

멀리 떠난 봄꽃 그리워
흘리는 눈물일까
지나간 추억 하나둘 엮어
줄줄이 매달려 있네

밤새 몰래 나눈 사랑
그윽한 향기만 풍기니
안방 장롱 속에 오래 묶은
광목천의 향기 같구나

뜨거운 여름 익어갈 때
짙은 갈색 염색하고
뚝뚝 떨어지는 눈물로
무거운 발길에 채이누나.

청보리밭

오월의 시원한 바람
보리밭에 푸른 물결 출렁인다

하얀 긴 수염 달고
푸른 도복 입은 도사들처럼
도열해 있는 청보리밭

오뉴월 뙤약볕에 서서
청운의 꿈을 다지며
들판의 잔물결을 일렁인다

여름이 다가오기 전
청보리 꺾어 불에 구워
손바닥에 비벼 먹었던 시절

숯가루 얼굴 묻혀가며
그것도 배부르다 웃음 짓고
푸른 오월을 보냈던
옛 친구들이 그립다.

짝사랑

오월이 시작되는 날
하늘과 땅 사랑하는 것
시기와 질투하여
구름이 하늘을 가리고
온종일 비가 내린다.
얼마나 짝사랑하였으면
푸른 하늘을 가리고
땅에 눈물을 흘리는 걸까.
땅도 미안했는지
흘리는 눈물 온몸에 적시고
촉촉이 젖은 눈으로
회색 구름 바라본다.
간간이 열린 틈으로
보이는 푸른 하늘
그리운 땅이 보고 싶은지
파란 눈으로 흘겨본다.
땅과 하늘의 사랑 미운지
검은 장막으로 가리는 구름.
그렇게 실컷 눈물 흘리고
이내 지친 마음으로
사라진 구름 사이로

환한 미소 짓는 푸른 하늘.
가끔은 질투의 마음으로
채찍과 번개로 후려치는 먹구름.

오월의 서러움

모내기 준비하는 오월에
커다란 나무 밑에
하얀 눈이 내렸다

떠나간 겨울이
아쉬운 미련이 남았을까
벚꽃이 진지 오래인데
거리마다 공원마다
하얀 꽃이 피었다 지며
나무 밑에 하얀 눈처럼
수북이 쌓인 이팝꽃

쌀이 없던 보릿고개 시절
배고픈 아기 주검을 보고
묘 주변에 심었던 이팝나무
죽어서라도 쌀밥을 먹으라고
애가 탄 부모의 마음을 알았을까

오월이 되어
비바람에 흩날린
이팝나무꽃잎을 보니
배고파 서러움에 목이 메인
아기 아빠의 모습이 보인다.

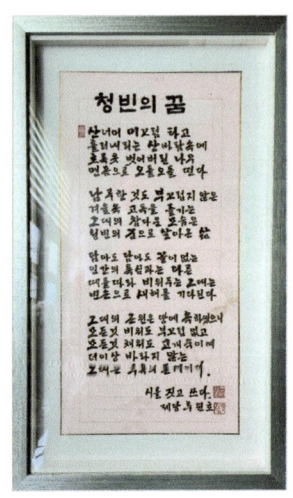

그리운 고향

오월이 되면
지금은 용담댐으로 수몰된
고향 냇가가 그립다
졸졸졸 흐르는 냇가 곁에
푸른 초원이 펼쳐져 있고
아지랑이 피어나는 하늘엔
종달새 맴도는 그곳
5월이 되면
싱그러운 물빛이
푸른 하늘과 입맞춤하고
솟아 오른 물속 바위
손스침 하며 흐르던 냇가
겨우내 숨죽여 살던 피라미
고요히 맴도는 물가에서
옛 친구들 만난 듯
이리저리 꼬리를 휘젓는다
오월이 되면
물 댄 논가 모내기 준비하고
흙탕물 젖은 장화
흐르는 물가에 담그고
흐르던 땀방울 씻어내는 계절.

5월이 오면

현란한 봄 태양 아래
꿈결처럼 덧없이 피어오른 꽃들
푸르른 숲속 새들은
춤을 추며 노래 부르고
오월의 바람은 살랑대며 속삭인다

싱그러운 아름다운 생명들이
희망의 꽃을 피우고
거짓 없는 순수한 마음으로
저마다 행복을 찾아가는데
오월의 빛나는 햇살과 함께
저마다 꿈과 희망이 싹 틔어간다

자연의 아름다움과 봄의 여유
내 안에 피어나는 희망의 씨앗
새로운 시작을 준비하는 마음으로
소중한 나와의 만남을 기약한다

5월이 오면
소중한 생명들이 뻗쳐가는 시간
우리 모두 다 함께
꿈과 희망을 꽃피우는
아름다운 순간을 준비해 보자.

오월의 단비

오월에 내리는 비는
보약이 되고
대지를 풍성하게 한다
메마른 땅 촉촉이 적셔주고
꽃가루 황사 먼지
깔끔히 씻겨주는
대자연의 청소부 아저씨
오월의 비는
농촌의 모내기를 위한
마른 논물 채워주고
타들어 가는 나뭇잎
목 축여 주는 단비
오월의 단비는
고생한 어버이 눈물이고
나라 위해 희생하신
고귀한 선열들의 땀방울
오월의 비는
하늘과 땅이 사랑하여
모든 생명과 자연에
밑거름되고 약이 되는 보약
오늘도 내리는 비
머리에 이고 바쁜 걸음을 한다.

여름의 행복

덥다 덥다 해도 여름이 좋다

계곡물처럼 땀이 흐르고
에어컨 밑을 찾을지라도

하루의 시간이 길고
해가 오래 떠 있는 여름이 좋다

가을의 문턱 입추가 오니
조석으로 써늘한 바람이 분다

무더운 여름이 지나면
가을 들판은 누렇게 변하고

어느새 텅 빈 논밭과 마음
하얀 눈발 날리는 겨울이 온다

하루의 시간이 짧고
한 달의 30일이 짧은 겨울보다

덥지만 하루의 시간이 긴
무더운 여름철이 나는 좋다.

상강

작년에 말없이 떠난 님
여름 되어 다시 왔는데
떠날 줄 몰랐던 님
때가 되니 또 떠난다네

날 두고 떠나지 말라 했는데
기어이 가신다고 하니
가지 말라고 애원해도
떠나신다고 하니
허전한 마음 감출 수 없네

시계를 거꾸로 돌리고
달력을 뒤집어 놓아
발걸음을 붙잡아 매어도
떠나신다고 하니
더 이상 어쩔 수 없네

그리운 맘 지체하지 못해
선잠을 자고 나니
그 님은 하얀 서리만 남기고
말없이 떠나가 버렸네

나는 어디서 와서
어디로 가는 인생인가.

그리움

오늘도 비가 온다
여름인가 했더니
가을이 왔는데도
오늘도 또 비가 내린다
비가 오는 날은
그대가 그리운 날이다
비가 내리는 날에는
그대 생각이 난다
마음속에 품어 있는
아련한 그리움이
비라도 내리는 날에는
어쩌다 그리도 생각이 날까.

오이 넝쿨

텃밭에 오이 모종 심었더니
박아놓은 대나무 올라타고
꽃망울 흔들거리며
꿀벌 유혹하여 정사를 벌였네

기쁨에 흥분되어
불어오는 바람을 벗 삼아
하늘 끝 모르는 척
허공을 향해 오른다

붙들어 맨 장대 서방
달아나지 못하게 칭칭 감아
타고 오르는 오이 넝쿨

주렁주렁 자식들 남겨두고
손을 뻗쳐 하늘을 향해
끝 모를 손짓으로 허우적거린다.

호박잎의 매력

멀리서도 눈에 띄고
입을 쩍 벌리어
꿀벌을 유혹하는
노랗게 활짝 핀 호박꽃

기다랗게 늘어선 줄기에
파란 호박잎은 거칠어 보인다

유달리 호박잎은 크고
가는 털이 많아
선뜻 손길이 머물지 못하는 잎

사람의 입에 넣을 수 있는
상추나 배추 깻잎이 있지만
넓적하고 커다란 호박잎에
눈길을 주는 이는 별로 없다

그러나 밥솥에 살짝 익혀
식탁에 올려놓아
밥을 넣고 간장을 섞어
한입에 씹어 먹으면
그 어떤 것보다 부드럽고 맛있다

겉보기와는 전혀 다른
호박잎의 감질나는 맛은
먹어 본 사람만이 안다.

유월의 시간

하루가 한 시간 같고
일주일이 하루 같은 나이
주어진 하루가 너무 바빠
어둠이 온 후에야 해진 줄 알았네

세월은 나이만큼 흐른다는데
꽃이 진 다음에야
봄이 떠나간 줄 알았고
늦은 시간까지 서산에 해가 있어
여름이 온 줄 알았네

우리의 젊음도
나이가 든 다음에야
멀리 흘러갔음을 알듯이
지금 젊다고 자랑하지 말라

붉은 단풍이 되는 때에야
가을이 왔음을 알듯이
젊게만 생각했던 우리의 삶도
떠나가는 시간 속에
저절로 흘러가는구나.

종달이의 선심

팔월 막바지 건널목에
무더위도 기승부리고
일본으로 갈려던 태풍 종달이

일본의 기세에 눌렸을까
한반도로 향하던 종달이가
기세등등한 세력이 약해지며
잘 지나갈 듯하다

푸르른 봄날 하늘 지키는
종달새의 귀여움처럼
종종걸음으로 얌전히 떠나가기를

가을을 바라보는 구월을 앞두고
한 여름밤의 열대성 기후도
종달이가 데리고 갔으면 좋겠다.

풀잎 사랑

어두운 새벽
남몰래 내려와
밤새 사랑을 나누고
아침햇살이 살며시 끼어든다

풀잎은 싱싱한 이슬을 머금고
영롱한 이슬은 연신
풀잎 위에서 사랑을 나눈다

숲속 언저리에서는 꿩이
푸드덕거리며 기지개 켜고
여름에 지친 매미
흐느적거리는 소리로
아침잠을 깨운다

그렇게 깊이 사랑을 나눈
풀잎의 사랑
인간의 발길에 차이고 만다.

배앓이

밤새 선풍기 돌린 탓일까
군살도 없는 뱃속에서
슬슬 보채기 시작한다

하얀 변기에 앉으니
천둥소리와 함께 굵은 빗줄기가
한바탕 쏟아지는 아침

가는 여름 못내 아쉬웠을까
창밖에 애처롭게 울어대는
귀뚜라미와 풀 벌레 소리

이제 조석으로 찬 기운 도는
구월이 다가오는데
새벽까지 틀어놓은 선풍기
쌕쌕거리며 지친 표정이다

한밤중 더워 걷어찬 이불
찬 바람이 가슴을 스쳐
날이 새도록 애무하고 갔나 보다.

심술궂은 무더위

가을이 저만치 기다리고 있는데
무더위는 무엇이 아쉬웠는지
떠날 줄 모르다가
이제야 떠나려나 봅니다

떠나는 게 서러웠는지
한바탕 폭우가 쏟아져
온통 물바다 만들어 놓고
미련 없이 떠나려는 심술쟁이

가을비 그치고 나니
이젠 좀 살 것 같은 시원한 바람
그토록 떠나기 싫어했던 무더위
기울어져 가는 지축에
어쩔 수 없이 마음을 비우려나 봅니다

말없이 사라지기 전
자신의 존재를 남기려 했는지
온 동네 물벼락 쏟아붓고
미안하다는 말도 없이
꼬리를 감추고 떠나 버렸습니다.

밤하늘의 추억

여름 밤하늘
별들은 초롱초롱 빛나고
흙마당에 깔아놓은 멍석
모기들이 서성이며
주인을 찾는다

귓가에 윙윙거리는 모기
손가락으로 휘저어도
떠날 줄 모르는 여름밤의 적들

멍석 옆에 쑥 나무불 피우고
빗자루 들어 쫓던 시절
온 가족 한데 모아
우물 속 깊은 곳에
시원하게 냉장해 놨던
수박 한 덩이 쪼갠다

가슴속 깊이 시원힘을 느끼니
깊어가는 밤하늘 별들도
잠이 드는지 한쪽으로 기운다.

# 3부
진정 가을은 왔는가

가을은 오는데

이른 새벽 곤한 잠을 청하는데
열린 창틈 사이로
귀뚜라미와 풀벌레 합창소리가
베개 밑으로 스며온다

밤새 무더위와 싸운 선풍기
지친 듯 헐떡거리고
입추와 처서가 지난
가을 아침 찬 바람이
따뜻한 이불속으로
스멀스멀 기어들어 오는 시간

여름내 지친 선풍기
조석으로 써늘한
가을바람을 반기며
이제는 자신의 존재감을 놓고
찬 바람에 양보해야 할 듯
힘없이 허공을 돌리고 있다

그렇게 가을은
창틈으로 들어오는
풀벌레 소리와 함께
이불속으로 들어오나 보다.

마주친 눈빛

가을 문턱 시월에 다가오니
이곳저곳 낙상하는 소리
고공에서 머물 수 없어
고향으로 돌아온 상수리

포근했던 엄마 품 떠나
이제는 독립해야 할 시간
감싸준 털 이불 벗어 던지고
세상으로 내려온 순간

때가 되면 독립하여
나만의 갈 길을 가듯이
익어가는 가을과 함께
가족의 품을 떠난다

낙엽 속에 침잠하는 상수리
허리를 굽혀 가까이 보아야
두근거리는 심장소리
반짝이는 눈빛을 본다.

가을밤의 회상

회색 하늘의 치마폭이
지천을 뒤덮으니
어두운 산 능선이
가느다란 선으로 출렁인다

흰 구름 살짝 보이고
밤하늘 별 반짝이는데
어두운 앞산이 먼저일까
우주 멀리서 날아온
희뿌연 하늘 자락이 먼저일까
말없이 힘겨루기 하는 산 능선

바람 따라 흔들리는
가을 산의 초목들이
밤하늘 경계선을 허물며
깊어가는 밤을 희롱한다

자정을 향하는 심야 속에서
짝을 찾는 풀벌레 소리
찬 바람 가슴에 품고
무더웠던 한낮의 더위를
별빛이 잠긴 호숫가에
깊어가는 가을 밤을 새긴다.

찾는 자에게 잡히나니

익어가는 가을 아침
커다랗게 서 있는
늙은 상수리나무
수북이 쌓인 낙엽 위로
뚝뚝 떨어지는 상수리
오랜만에 찾아온 손님에게
기쁨으로 찾아왔을까
발등으로 굴러온 상수리
풀숲에 숨은 것 찾느라
두리번거리는 눈동자
레이저 눈빛으로 훑고 나니
하나하나 줍는 맛에
시간 가는 줄 모른다
어떤 것은 발에 밟힌 것도
어떤 것은 자신의 보호색으로
낙엽 속에 숨어
반갑다는 듯 반짝이는
충혈된 눈으로 쳐다본다
아픈 허리 가끔 세우며
시선을 집중하여 찾는 자에게
눈에 띄는 상수리

따뜻한 손바닥 체온에 취해
단잠을 자는 너의 모습이
편안하게 보인다.

진정 가을은 왔는가

추석이 다가오는 날이면
화창한 날씨에
햇볕은 뜨거울지라도
공기는 상쾌하고 시원했다

들판은 노릇노릇
황금물결 출렁대고
이곳저곳 메뚜기 뛰는 소리
도토리 상수리 알밤
마른땅 위에 굴러다니던
그런 시절이 있었다

2024년 9월 중순임에도
가을이 왔는지 여름인지
도무지 헷갈리는 기후
지구 온난화라고 하지만
참으로 이상 기온이다

한반도 기후가 변했다
여름철이 더 늘어나고
이제는 봄가을이 짧아지면서
동남아 기후로 접어드는가 보다

바다 해수면 온도는 오르고
공중 상층권을 덥히는 비행기 운행
육지에는 자동차 뜨거운 매연
도심의 고층건물에는
외기 기온을 올리는 보일러 굴뚝

모든 건물마다 공기를 덥히는
에어컨 실외기들의 열기
도로포장과 열반사 유리의 반작용
가끔 발생하는 산불화재
이 모든 것이 건물 밖 기온을
변화되게 하는 누적된 요인들

가을이 왔음에도
차 안의 온도는 35도 이상이니
지구는 몸살이 생겨
뜨거운 열기를 토하고 있다

식을 줄 모르는 가을 온도
에어컨 아니면 견딜 수 없는 무더위
밖에 나와 거닐면 헉헉 막히는 호흡
이 무더위는 언제까지 이어질까.

시월의 가을 I

하늘과 땅 사이 당신이 있네
흘러가는 시간과
다가오는 계절에
당신이 있네

청옥색 하늘가에
하얀 공작새 날개처럼
펼쳐진 붓칠을 하고

푸르스름한 나뭇잎 사이
햇볕에 그을려 붉어진
수줍어하는 단풍잎 하나

차가운 가을바람 등을 타고
아무도 없는 벤치에 누워
목마름과 배고픔에 지쳐
시들어가는 육신

멀리서 애타게 바라보던
덜 익은 단풍잎 하나
살포시 덮어 주며 위로하네

점점 시들어가는 풀잎 속
귀뚜라미 목쉰 소리도
찌르레기 연주 소리도
찬 바람에 지쳤나보다

유리창을 사이에 두고
오고 가는 세월의 흐름
어쩔 수 없이 바라만 보는
떠나가려는 가을이여.

시월에는

아침 일찍 집을 나서니
제법 찬바람에 옷깃을 세운다
그토록 버티던 무더위도
어쩔 수 없이 자리를 비우고
제자리로 찾아오는 가을에
물려줘야 한다
찬 바람 속에 익어가는 생명들
언덕엔 단꿈을 꾸고
누렇게 익어가는 호박
햇볕에 붉게 그을린 대추
민낯에 부끄러움 타는 감
기다리던 임은 끝내 오지 않고
시들어 버린 상사화의 슬픔
닫힌 공간이 답답했는지

문을 열고 내다보는 알밤
고개가 무거워
저절로 허리가 휘어진
황금물결 출렁이는 나락들
한 줄기 잡아당기니
너도나도 따라 나오는 고구마
아침이면 하늘을 향해
찬양하던 연잎들
녹슨 나팔처럼 시들어간다
이제는 하나둘 익어가는
가을을 맞이하는 곡식들
세상살이 분주한 우리도
어쩔 수 없이 찾아오는 계절을
옷깃을 가다듬고 기다려야 한다.

가을 아침의 기도

아침에 눈을 뜨면
생각나는 모든 사람에게
내가 하는 말 한마디가
은은한 향기를 남기게 하소서

비록 보이지는 않지만
상대방의 입장에서 바라보는
따스한 말을 하게 하시고

타인의 부정적인 모습보다는
좋은 모습을 먼저 보는
사랑스러운 말을 하게 하소서

무더운 날 목마른 나무
갈증을 풀어주는 물 주듯이
정성스러운 물을 주어
쓰러져가는 목초를 살리 듯

깊은 우물 샘에서 길어 올린
생수의 맑은 물로
나의 생각을 가다듬게 하소서

만물이 익어가는 가을
고개 숙인 나락처럼
자연에 수긍하는 겸손의 향기가
내 맘속에 스며들게 하소서.

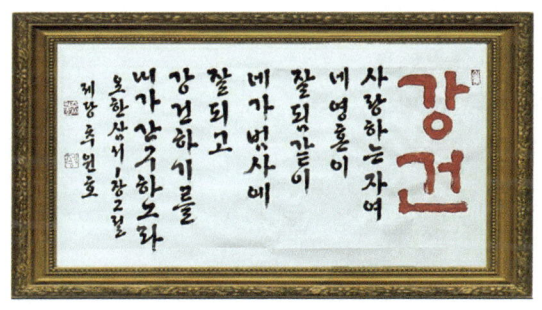

억새풀의 마음

긴긴 여름 떠나는 마음
아쉬움에서 일까
갈대밭 강변에 나부끼는
사각거리는 억새풀
청잣빛 하늘가를 스치며
하얀 손수건 흔들어 인사한다

기쁨이 충만할 때면
배꼽을 쥐고
허리가 휘청대도록 웃고
마음이 슬플 때면
힘없이 고개 떨군 채
눈물만 흘리는 억새풀

싱싱한 젊은 시절
꼿꼿한 고개를 쳐들던 그때
세월 흘러 가을에 들어오니
떠나는 무더위 아쉬움일까
하얀 솜털 흔들며 인사한다.

가을비

떠나는 여름 아쉬워
빈 하늘에 잠시 머물고
참았던 울음 터뜨린다

아무도 보지 않는
어둠이 깔린 새벽
쌓였던 슬픔과 그리움
한꺼번에 쏟아버리니
밝은 햇살 내려와 위로해 주네

가을이 되면
떠오르는 추억들
땀 흘리며 일했던 그 옛날

나이 들어 살날보다
인생을 마무리해야 할
짧은 앞날을 생각하니
쏜살같이 흐르는 계절이 아쉬워
가을비는 슬퍼서 우는가 보다.

가을은 왔는데

매미소리 요란한 숲길
우수수 떨어진 벚나무 잎들
이제는 가을을 재촉하고
아침이면 써늘한 바람
불어와야 할 9월인데
한여름처럼 후덥지근하다

추석이 다가오는 이맘때면
뚝뚝 떨어지는 알밤 고통 소리
노랗게 익어가는 감
빨갛게 영글어가는 대추

들판에 황금물결 나락들의 춤사위
계절의 전환이 눈에 띄지만
지구 온난화 덕분으로
아직도 여름이 떠날 줄 모른다

언덕에 패잔병 같은 모습으로
누렇게 갑옷을 입은 옥수수
축 처진 어깨 힘들어하고 있으니
가을이 왔음에도
여름을 못 이기나 보다

가을이 왔어도 무더위의 기세는
언제쯤 되어야 시들어갈까.

꽃잎이 질 때마다

조석으로 찬바람 불고
청옥 같은 하늘은 높아만 가는데
한 여름의 뜨거운 햇살
등줄기 계곡에 땀을 냈지만
밀려오는 가을바람에
어쩔 수 없는 자리 양보

풍성했던 가지에서
나뭇잎 하나둘 떨어질 때
이제는 마음도 조금씩 비워야 한다

들판에 황금물결 출렁이고
오곡백과 영글어 갈 때
좀처럼 쉴 틈 없이 바쁘셨던
부모님 손길이 생각나는 아침

누렇게 익어가는 곡식
발놀림에 풍악을 울리던 메뚜기
풍성했던 옷자락 벗어 버리고
맨몸으로 햇볕에 익어가는 콩밭
가을 되면 감추었던 시구들이 생각난다

그 옛날 허리춤에 도시락 메고
흐르는 도랑물 따라 거닐었던 등굣길
길가에는 가을바람에 한들거리는
코스모스 국화 향기가 그립다.

가을의 눈물

청옥에서 쏟아지는 햇살
손가락으로 튕기면
깨질듯한 청명지절

송골송골 땀방울처럼
가지런히 익어가는 상수리
솜사탕처럼 보드랍던
복슬복슬한 도토리
이제는 추석을 며칠 앞두고
알밤처럼 제법 커졌다

가을의 따스한 햇볕에
성큼성큼 익어가는 한숨
무더운 여름에 지친
귀뚜라미 소리와 함께
세월을 먹고 성숙해지는
가을의 사나이 눈물이여…

9월이 되면

꼬리도 없는 것이
길게 늘어지는 8월의 무더위
이제는 서서히 지우고
청명지절의 9월이 되게 하소서

무더운 바람 지나간 그곳에
나 홀로 있게 하지 마시고
오곡백과 영글어가는 곳
길가의 한들거리는 코스모스처럼
결실의 계절 9월이 되게 하소서

익으면 숙이고
마음을 비우는 과일나무처럼
욕심부리지 않고
모든 이에게 배려를 베푸는
풍성한 가을이 되게 하소서

가슴 아픈 일을 주기보다는
남을 먼저 생각하고 이해하는
천고마비의 계절 9월이 되게 하소서.

가을 잎의 매니큐어

물러설 줄 몰랐던 무더위
결국 가을의 회초리에 밀려
마지못해 떠나는 마음
그래도 간간이 찌는 더위로
끝까지 버텨보려는 속셈
그렇게 머뭇거리는 무더위가
가지 끝에 매달린 나뭇잎에
매니큐어로 물들이고 있다
좀처럼 자리 양보 안 할 듯한 여름도
어쩔 수 없이 떠나야 하는 설움
슬며시 자리를 떠나면서도
자신의 흔적을 남기려는 듯
흐느적거리는 나뭇잎에
빨간 매니큐어로 물들이며
서서히 가을 속으로 들어간다
세월이 흐르면
더욱 찐한 물들임으로
세상은 온통 붉어지리라.

허전한 마음

첫서리가 내린다는 상강
들녘에 푸르름보다
빛바랜 가을 잎으로 가득하네요
보내기 싫어
그토록 마음을 가다듬고
떠나지 말라 붙잡았는데
기어이 떠나신다고 하니
참으로 서글픈 마음
시월의 막바지 계절을 준비하는 날
푸르름도 가시고
붉은 단풍잎 떨어지는
하루가 다른 자연을 바라보니
또 한 해가 가는 것 같아
가슴 한쪽 허전한 마음뿐
떠나지 말라고 그토록 바랐는데
님은 모든 걸 벗어던지고
말없이 훌쩍 가신다네요.

들녘의 외로움

찬 서리 내리는 계절
도시보다 농촌에서
가을은 더 일찍 떠난다

황금빛 누런 이불을 걷어내는
날카로운 기계음에
속살을 드러내는 들녘

임금님 덮는 이불
아침 되면 어느새 거두어
논 가운데 이곳저곳
하얀 두루마리 속에 있다

푸르름을 자랑했던 나무들
앙상한 가지만 남기고
바짝 마른 낙엽들만
빈 의자에 누워있다

청잣빛 하늘 아래
차갑게 내려앉은 햇살 받으며
허공을 맴돌아
떨어지는 질긴 인연들
오! 너의 아름다운 자태여!

서글픈 시간

간밤에 얼마나 싸웠길래
저토록 머리칼이 빠졌을까

간밤에 얼마나 통곡했으면
저토록 머리칼이 쌓였을까

흘러가는 가을 아쉬워
떠나가는 가을 서글퍼
삭발을 하고 흐느꼈을까

익어가는 가을 하늘 아래
황금색으로 물들어 가는 계절
푸르렀던 시절 아쉬워
새벽마다 흔들었나 보다

가을아 가을아~~
싸늘해지는 찬 바람 속에
가슴을 깊이 묻고
슬퍼하거나 노하지 말라

한여름의 꿈을
차가운 땅속에 묻고
또 다른 새해를 기다리자.

보름달 I

뽀얀 그녀의 얼굴을 볼 때마다
밤하늘 보름달 보는 듯하다
눈물이 글썽이는
동그란 그녀의 눈동자 보면
먼 길을 달려온 천사의 모습
내 육신이 아플 때
잔잔하고 따스한 말로
선녀처럼 다기와
글썽이는 눈물을 적시며
위로해 주던 너
반짝이는 눈을 보면
피곤했던 육신 사라지고
꼭 안아주고 싶은 너
찻길이 있는 곳이면
어디든 떠나고 싶은 동반자
산 좋고 풍치 좋은 곳이면
혼자 아닌 둘이서
짧은 여행을 다니고 싶은 너
때가 되면 작은 선물 하나에도
마음이 듬뿍 담긴 정으로
갑절로 보답해도
부족한 사랑스러운 너.

보름달 II

100년 만에 뜬다는 보름달
구름이 잔뜩 낀 저녁 하늘
너무 예뻐 숨은 걸까
부끄러워 감춘 걸까

마음속 기도 제목과 소망
가슴속에 고이 간직하고
보름달 뜨면 전해볼까
노심초사 기다리지만
환한 얼굴 보여주지 않는다

별빛조차 사라진
추석 한가위 밤하늘
이제나저제나 기다려도
아파트 불빛만 찬란한 밤

내 마음속까지 비춰 줄
2022년 보름달은 어디쯤 있을까
점점 더 어둠은 지천으로 깔리고
밤하늘 구름은 짙어만 간다.

어둠을 깨뜨리고

별빛 반짝이는 밤길
숲속 오솔길을 걷는다

한 시간 내내 걷는 숲길
풀속에서 들리는 귀뚜라미 소리

가는 곳마다 끊임없이
내 귓가를 흔들어 댄다

어둠이 깔린 풀속에
얼마나 많은 풀벌레가 있을까

행여 멈추는 공간이 있을까
귀를 기울이고 보면
끊임없는 풀벌레 소리가 들린다

여름내 울고 가을이 왔음에도
한순간 멈출 수 없는 몸짓
온몸을 떨며 소리를 내야 하는 습성

귓가를 울리는 딸랑거리는 소리
행여 귓속에서 우는 소리일까
머리를 흔들어 봐도
서로 지지 않으려는 듯
맹렬한 귀뚜라미 소리.

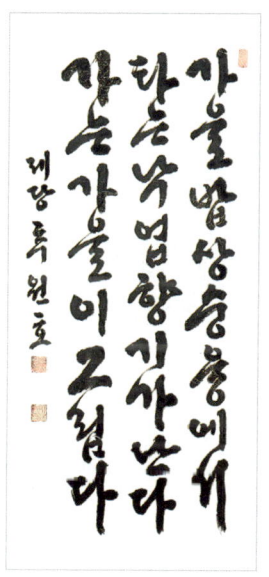

입추

가을이 다가오니
입을 추스르라는
입추가 오늘이다

때는 어김없이
흘러가고 다가오지만
극성을 부리던 무더위도
이제는 한풀 꺾이겠지

말만 들어도 시원해지는
입추의 절기
하지도 지났으니
낮의 길이도 짧아지는 때

한낮 태양의 열기도
절기의 기세에는
당해 낼 수 없으리라.

착각

가랑잎 흩날리는 늦가을
온기도 떨어진 도로를
차 안에서 응시한다

떨리는 운전대 꼭 잡고
지는 석양을 뒤로한 채
쭈욱 뻗은 도로를 달리는데

앞서가는 차량 사이로
도로 위를 팔딱거리는 것이
분명 짐승인 줄 알았다

차 창가로 달려오는 모습
산짐승인 줄 알고
브레이크 잡고 보니
허리 꼬부라진 낙엽이었네

아뿔싸.
살아있는 동물이 아니었으니
그나마 천만다행이었네.

늦가을

붉은 땀방울 흘리며
가을은 말없이 떠난다

떠나기 싫어
얼마나 참고 참았으면
붉다 못해 하얗게 떠나는가

푸르던 잎 단풍 되어
하나둘 털어 버리고
이제 맨몸으로
추위를 견뎌야 하는 시간

두 눈을 시원하게 해주었던 잎
이제는 핏빛 잃은
창백한 모습으로
겨울을 맞이해야 한다

늦가을 찬바람에 의지하여
정처 없이 방황하는 낙엽들

산 너머 지는 석양을 바라보며
오늘도 한숨짓는 하루.

깊어가는 가을

벼포기 잘려 나간 텅 빈 논
아침 안개 자욱이 내려앉아
잠잠히 흐르는 시간

황금물결 출렁대던 그곳
기계톱에 잘려 나간 모가지
한숨 쉬는 듯 하얀 김만 서린다

골골이 흐르는 안개
슬픈 벼포기 에둘러 달래며
잠잠히 침잠하라 속삭인다

아직도 숨소리 들리는 듯
차가운 논바닥 들썩이는
파란 생명의 기운들

손으로 일했던 그 시절
팔딱팔딱 뛰놀던
메뚜기 날갯짓 소리가 그립다.

삭발

밤새 싸움을 했을까
어떤 각오로 작심을 했을까

쌀쌀한 가을밤 달빛 아래
그대는 왜 삭발을 했을까

아파트 오솔길
이리저리 흩날리는
노란 머리칼의 흔적

좁은 골목길 젊은 청년들
아까운 생명 보호하지도 못하고
차디찬 길바닥에 쓰러져
저 멀리 보낸 안타까움

아무도 없는 골목길에서
떨리는 손 뛰는 가슴으로
머리칼 가위로 잘라
슬픔을 달라보네.

구절초

쌀쌀한 소슬바람
바지랑이 밑으로 스며들고
따스한 햇볕
늦가을 추위를 탄다

기우는 붉은 석양을 향해
추위도 마다하고
하얗게 웃고 있는 구절초

어두운 새벽이면
하얀 서릿발 흙을 비집고
차가운 바람에
옷깃을 세우는 계절에
어쩌자고 너는 고고하게 피었는가

세월이 무상하여
잊고 싶은 것 다 잊고
그저 화한 표정으로
늦가을을 즐기는 마음

그저 바라만 보아도
내 마음까지 기쁨을 주는 꽃
그대는 구절초의 향기.

고구마 캐는 날

찬 바람 부는 가을날 오후
따뜻한 햇볕이
굽힌 등을 간지럽힌다

배부른 흙을 걷어 내니
낯선 사람의 모습을 본 듯
얼굴에 붉은색 띤 모습으로
환하게 웃고 있는 고구마

행여 다칠세라
줄기를 잡고 당겨보니
어른들 손잡고
우르르 몰려오는
가족들의 소리 없는 아우성

오동통 살진 모습으로
알몸에 부끄러운 듯
홍조 띤 모습이 애처롭다.

혼례식

가을이 깊어간다
겨울의 길목 11월은
가을과 겨울이 만나
결혼하는 계절
깊고도 뜨거운 연애 끝에
하얀 천사 눈을 내린다
그래서 가을은
오르가슴을 느끼나 보다
붉게 타오르는 열정으로…

가을의 향기

가을 밥상 숭늉에서
타는 낙엽 냄새가 난다

어린 친구들 일찍 헤어져
오랜 세월 동안 보지 못한
골목 동네 친구들처럼
밥상에 추억이 쌓여
타는 가을 냄새가 난다

오랜 세월이 흘렀어도
좀처럼 잊히지 않는 그리움
창고 속에 있는 낡은 풍금처럼
심금을 울리는 말은 없어도
가을이 되면 옛 추억을 부른다

철 늦은 가을은 커피잔에서
달콤한 단풍 냄새가 난다
간밤에 스쳐 간 꿈속에서
몰래 입맞춤한 연인처럼
온몸에 젖는 달콤한 가을향기

깊어가는 가을밤
쓰디쓴 그리움을 가슴에 안고
찬 바람에 밀려가는 가을은
저만치서 맴돌고 있다.

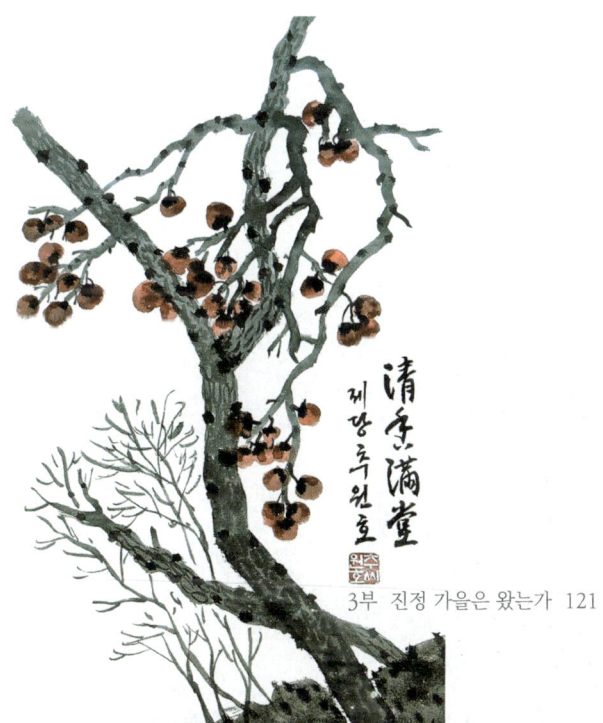

11월이 오는 길목

벌써 11월 만추의 계절
한 해를 마무리하는 경계선

풍성함이 떠나는 길목과
겨울로 접어드는 경계점의 갈림길
자연은 헐벗는 시간이다

아쉬운 계절 11월은
마음과 욕심을 버리고
홀가분한 마음으로
바윗돌보다 더 무거운
마지막 기다림의 시간이다

이제 빈 마음으로
무언가를 기다린다는 것은
아직 눈으로 볼 수 없는
희망의 빛이며
결코 잊을 수 없는
간절한 믿음의 소산물

거추장스러운 짐을 털어버리고
비록 앙상한 계절이 올지라도
이 세상 그 어디에도 없는
아련한 그리움만
가을 들녘에 메아리친다.

청포도 사랑

앞 마당에 옹기종기
금빛 햇살을 머금고
말갛게 익어가는 청포도

담장에 앉은 벌 나비도
침을 흘리며 날개를 편다

하루의 뜨거운 햇살
산 너머로 기울어질 때
반짝이는 넝쿨 사이로
석양은 스러지고

낮 동안 달구진 여름 햇살
청포도 향기로 씻겨내어
가을을 맞을 준비한다

아침 햇살이 익어갈 때
알알이 사랑도 무르익어
또 하루가 저물어가는 시간.

고별

청명지절 붉게 물든 단풍
흐르는 가을바람에
맥없이 떨어진다

힘을 다해 버티고 싶어도
버틸 수 없는 존재
한동안 푸르름을 자랑했던
호시절 생각하며
지체에서 떨어지는 가랑잎

가지 사이로 휘둘리는 바람 타고
그네 타듯 낙화하는 낙엽

공허한 공중을 날며
멀어져 가는 모체를
슬픈 눈으로 바라본다.

알밤

가을이 익어갈수록
세월도 익어간다

밤나무에 매달린 밤송이
수줍어 웅크리고 있는 것도
열린 가슴 부끄러워
배시시 웃고만 있는 것도 있고

가을의 늦더위에 더웠는지
가슴을 활짝 열고
뜨거운 심장 보여주는 것도 있다

더 이상 가눌 수 없어
만삭이 다 된 밤송이
비 오는 날 미끄러워
무심코 땅바닥에 출산하고 만다

아뿔싸 떨어진 알밤
얼마나 아팠으면 온몸에
빨갛게 멍들었을까

땅에 떨어진 알밤
내리는 빗물에 온몸을 씻긴다.

텅 빈 들녘

모처럼 시골 들녘에 나가보니
찬란한 황금빛으로 출렁이던
임금님 도포 거두어 가고
곳곳마다 텅 빈 논바닥
잘려진 벼포기 한숨만 쉬네

하늘에서 떨어졌을까
하얀 공룡알만 놓여있을 뿐
풍성히 가득 찼던 들녘이
이제는 찬바람만 어른거린다

녹슨 단풍잎 바람에 휘날리고
아침에 눈 뜨면 하루가 다른 들녘
해가 지는 석양을 배경 삼아
부부가 두 손 모으고 기도하는
밀레의 만종 그림이 생각난다

한 달이 하루 같은 시간
시월의 한 달이 금방 떠나가네.

익어가는 가을

도심을 벗어나 농촌에 가면
하루가 다르게 변한다

노란 물결로 출렁이던 들판
하나둘 빈자리 생겨나
허전한 내 마음처럼
썰렁해져 가는 가을 풍경

나뭇잎은 퇴색해져 가고
녹색의 싱그러운 풍경에서
붉은색으로 변해간다

텅 비어 가는 들녘
잘려 나간 벼포기
논 가운데 빈자리를 채우는
하얀 공룡알들의 숨소리

청잣빛 파란 하늘 아래
조용히 침잠하는 가을빛

선선한 가을바람
내리꽂는 햇살에 찔려
익어가는 노란 단풍잎
허공에서 그네 타고 내려온다.

휴일의 오후

찬란한 햇살 비치는
노란 단풍나무 가득한
숲속 오솔길을 걸어보니
떨리는 잎새 사이로
스산한 바람만 분다

가을바람 소리 요란하여
두 눈 크게 뜨고 바라보니
어느덧 다가오는 겨울

나뭇가지 사이 비치는
칼날의 햇살을 받으며
흐르는 바람에 몸을 맡기어
미끄럼 타듯 떨어지는 낙엽

핏빛 잃은 꼬부라진 육신
한적한 벤치에 앉아
긴 한숨 쉬어보는 오후

붉어지는 단풍잎 보며
가을은 그렇게 가는가 보다.

갈대의 미소

구름에 가린 석양의 해
뉘엿뉘엿 지는 시월 오후에
자전거 타고 천변을 달린다

발바닥에 느껴지는 페달의 힘
가슴으로 와닿는 강변의 바람
귓가에 스쳐 가는 갈대의 웃음소리

어쩔 수 없는 눈길을
갈대의 허리에 꽂는다

강바람에 흔들리어 야위었을까
하얀 손을 흔들어
연신 반겨주는 갈대

어디를 향해 손을 흔드나
다가서는 나를 향해
넘어질 듯 기우뚱거리며
안아달라고 손짓한다

얼굴에 부딪치는 갈바람
달리는 페달에 힘이 솟는다.

고추의 추억

무더위 여름이 지나고
기타 줄처럼 팽팽한 가을볕

손가락으로 튕기면
겨울철 냇가에 얇게 얼은
얼음장 금 가는 소리처럼
가을볕이 내리쬘 때
마당에 고추를 펴서 말린다

지푸라기 멍석 위에 널린
반짝거리는 빨간 고추
푸른 하늘 아래 가을볕은
발가벗은 몸뚱어리 위에
무한정 사랑을 퍼붓는다

따스한 햇살에 눈 부신 듯
거친 멍석 위에서
다리를 쭈욱 펴고
온몸을 말리는 고추

따스한 가을볕이 너무 좋아
시원한 바람과 속삭이며
느긋하게 온몸을 말린다.

꽃보다 단풍

어둠이 내린 밤길
귀뚜라미 소리 들으며
발걸음도 가볍게 걸어보니
제법 차가워진 밤공기

한낮의 무더위를 잊어버리고
풀벌레 소리와 함께
가을이 익어가는가 보다

봄꽃이 피고 진지가
벌써 아스라이 지났고
찬 바람이 조석으로 부니
여름도 떠나가는가 보다

서서히 단풍이 익어가는 계절
온 세상이 울긋불긋 물들어 가면
가을 단풍이 봄꽃보다 이뻐지겠지.

가을의 밥상

아침 밥상에 가을을 먹고 산다
호박잎, 깻잎, 고춧잎, 가지
시월이 되는 이맘때 되면
익어가는 곡식 잎 따서
반찬을 만들어 밥상에 올려놓는
어머니의 손길이 생각난다
세상 다 잡을 듯
지천을 휘젓고 다니는 호박 줄기
뜨거운 햇빛 머리에 이고
운동장 열병하는 군인처럼
꼿꼿이 서 있는 들깨
여름내 무성한 줄기로
빨간 고추를 감추었던 고춧잎
시월이 되면 텃밭의 생명들이
인간의 손길을 기다린다
우리는 이 세상 떠날 때
누구를 위해 마무리할까
한번 왔다가는 인생
잘 왔다 갔다는
칭찬의 소리를 들을 수 있을까
겨울이 다가오는 시월 아침
밥상에서 무심코 생각해 본다.

남기고 간 사랑

텅 비어 가는 들녘에
붉은 단풍으로 물들어갈 때
논밭에 마지막 남은 곡식

빛바래 군복 입은 전사처럼
꼿꼿이 서 있는 콩

청잣빛 맑은 하늘 아래
하나둘 쓰러져 간다

둔탁한 도리깨에 두들겨 맞고
이리저리 나뒹구는 노란 눈동자들

날리는 가을바람에 털리고 나니
밥상 위 구수한 청국장이 되었네

노란 콩은 그렇게 식탁 위에
가을을 남기고 떠난다.

시월의 가을 II

가을의 별미라고 하기엔
좀 어색하다고 할 수 있는
꺼칠꺼칠한 호박잎 살짝 삶아
조그만 접시 위에 올려 놓아
깻잎한장 겹쳐 놓고
흰밥 올려 놓아 간장 찍어
호박잎 돌돌 말아 한입에 턴다
입안에 때론 껄끄럽지만
이내 씹히는 호박잎의 담백한 맛
예전엔 무슨 맛으로
거칠게 보이는 호박잎을 먹을까
궁색한 변명을 했지만
가을 햇볕에 그을린 호박잎
밥솥에 넣어 살짝 데치어
두팔을 활짝 열어제치고
김치도 넣고 간장도 찍어 먹으면
그것이 곧 가을의 별미이다
오늘 주말 아침에도
아내가 시골에서 뜯어 온 호박잎으로
밥맛 잃은 입속을 즐겁게 해준다.

청명지절

청자빛 하늘 아래
푸르다 못해 새파란 산야

노랗게 펼쳐진 들판에
고요히 날빛이 흐른다

손가락 끝으로 튕기면
쇳소리 날 듯
청명한 가을 햇볕

익어가는 가을 곡식
등을 두들기고 다독인다

은혜로운 가을볕에
벌어지는 입 틀어막고
노랗게 영글어가는 열매

입만 열면 싸움질하는 사람들
말없이 침묵하는
겸손의 명장 곡식들 보라.

소쩍새 울음소리

밤이슬 내리는 저녁
어두운 숲속 어디에선가
소쩍새의 울음이 들린다

자동차 소리만 요란한 지금
소쩍새의 슬피 우는 소리
들어 본 지도 오래

소쩍새가 우는 그 해는
가마솥이 적을 정도로
곡식이 풍성해지고
풍년이 온다고 했다

곡식이 없어 배고팠던 시절
쌀나무 대신에 이팝나무를 심어
꽃으로 먹었다는 때도 있었지만

보름달 휘영청 밝은 밤에
2022년 가을 풍년을 알리는
소쩍새 울음소리가 그립다.

바닷가의 추억

찬 바람을 등에 지고
밀려오는 파도에
시린 가슴 움켜쥐고
머언 지평선을 바라본다

산더미 같은 하얀 거품
입안에 가득 물고
바삭거리는 모래 위에
덮치고 또 덮치는 파도

연인들의 은밀한 속삭임
갈매기들의 날갯짓
뼈마디에 파고드는
저린 소금기 온몸에 안고
그들의 이야기 소리를 들어본다

지난 여름의 발자국 소리
출렁이는 파도에 씻겨 보내고
지워버린 모래밭에
사랑의 하트를 그려 본다.

깻잎의 일생

여름의 생기를 얻어
파래진 깻잎

가을의 찬바람에 멍이 들어
푸르다 못해 노래진다

들판에 익어가는 벼 이삭처럼
조석으로 싸늘해지는 갈바람이
모질게 스치고 때린다

더 이상 견디지 못하여
핏기 잃은 모습으로
샛노랗다 못해 빛바래진 깻잎

한 겹 한 겹 따다가
간장에 묻혀 겹겹이 쌓아 놓고
뜨끈한 밥에 올려놓아
한입에 털어 넣는다

메마른 입안에 꺼칠꺼칠
이리 찢기고 저리 찢기는 깻잎
식탁에서 노란 깻잎은
그렇게 좋은 친구가 된다.

응결된 슬픔

가을비는
기쁨의 눈물일까
슬픔의 눈물일까

공기를 가르며
떨어지는 낙엽 위에
빗물이 고인다

가을 햇볕에 익어가는
들판의 곡식을 어루만지는
기쁨의 눈물일까

지체에서 떨어지는
낙엽의 이별을 슬퍼하는
서러움의 눈물일까
귀뚜라미 소리 쟁쟁한 숲속
뚝뚝 떨어지는 빗방울
오늘도 텅빈 가슴을 두드린다.

梅經寒苦
發清
香

매화는 춥고
괴로움을
지난후 맑은
향기를 풍긴다

제강 독건호

4부
추억의 눈길

鑒古戒今

제당 조원호

공허한 마음

무성했던 나무들
하나둘 낙엽이 되어
앙상한 가지만 남는다

찬바람이 온몸을 할퀴니
오들오들 떨고 있는 나무

한때 푸르름을 자랑했던 그 시절
이제는 욕심을 버리고
고요함을 찾아야 할 때

온통 붉은 단풍으로 변해갈 때
나 보란 듯 자랑하는 소나무

그래도 마음 비울 때는 비우고
새봄에는 새 마음으로 채우는 것

공허한 마음 어쩔 수 없어
차 속에서 흘러오는
옛 노래 가사로 채워 봐야겠다.

마지막 2월

워따매 징하게도 춥네유
이월도 마지막이랑께요
춘삼월이 뽀짝 당겨왔는디
어깨짝에 봄은 왔는지
징하게도 춥당깨유
시방 닫힌 문쪼깨 열어봐유
단단한 가슴팍
쪼깨 열어봐유
뭐시랑까 우리 약속한거
잊지 않았께랑
깨끼손가락 걸었뿌고
오래오래 잘 묵고
잘 살자고 약속행거
시상이 비록 험난해도
잘 버티고 살장께유
알았음 고개 흔들어봐유.

눈꽃송이

남쪽 봄바람 부는 삼월
봄기운이 온몸을 싸고돈다

들녘에 아지랑이
가물가물 피어오르고
허공에서 맴돌고 있는 종달새

전자파 영향일까
기억도 없이 사라진
아지랑이와 종달새의 멋진 춤

삼월에 들어서니
들녘 이곳저곳 하얀 눈이
군데군데 덮여 있다

추운 겨울 잊어 버리고
앙상한 나뭇가지에
하얀 꽃눈이 피어나는 시절

이산 저산 흩어져 내린
삼월의 하얀 설화
비바람 치면 길가에 뿌려지는
슬픈 눈꽃송이 향기가 흩날린다.

섬진강 강가에서

떠나야 하는 시점에서
떠나지 못하는 추위
울먹울먹 눈가에 눈물 고이고
남녘에서 밀려오는 훈풍
버티다 못해 밀려나는 겨울
마지못해 흐르는 계곡물 따라
돌담 사이로 흘러간다
봄날의 설움에 위로받고 싶은데
위로받지 못하고
돌아서야 하는 두 눈에
섬진강이 흐르고 있다
서로 얼굴 맞대고
웃고 싶은데 웃음 띠지 못하고
돌아서는 등 뒤에서
섬진강은 흐르고 있다

먼 하늘 은하수처럼
강 하나 사이에 두고
만날 수 없는 깊은 심연
그 사이에 섬진강이 흐른다
구불구불 유유히 흘러
마음과 마음을 담아
맑은 하늘 가슴에 안고
산수유 매화 벚꽃들 등에 지고
그리움 가득 담아
멀리 광양 앞바다까지 가야 한다.

가는 세월

길고 긴 2월도 간다
걸어서 수백 리 길
지구를 몇 번 돌았을까
태양을 서너 바퀴 돌고 돌아도
땅 위에 세운 건물들
넘어지지 않고 그대로 있다
지구가 돌면서
울퉁불퉁 길을 걸었을까
지구촌 이곳저곳 땅을 들쑤시고
쓰러지고 넘어진 잔해 속에서
고통의 신음소리가 들린다
산 위로 떠오른 태양
오늘도 서산에 넘어가지만
하루를 걷다 보면
발걸음으로 지구를 돌린다
뛰어가면 빨리 구르고
천천히 걸으면 천천히 돈다

나이만큼 세월도 빨리 가는데
뜨는 해 바라보며
별빛이 흐르는 곳까지
걸어서 가야 한다
헐떡이는 가슴을 안고
2월 한 달 걸어왔으니
해지는 모습 바라보며
또 다른 3월을 맞이해야겠다.

눈이 녹으면

겨울 들어 눈도 없다
지구 온난화 심해지어
예전처럼 발이 푹푹 빠질 정도
며칠씩 눈도 내리지 않는다
이제 쌓인 눈도 녹고
추위도 한풀 꺾인 늦겨울
봄날은 서서히 밀려오는 듯
이곳저곳 기지개 켜는 소리
눈이 녹으면 무엇이 될까
눈물일까 아니면 봄일까요
쌓인 눈 녹을 때면
봄기운을 불러오는
햇볕이 되겠지요.

빈들에 서서

희뿌연 겨울날
힘없이 흔들거리는 갈대숲
들판에 우두커니 서서
공허한 하늘을 본다

갈 길 몰라 헤매는 영혼
눈 내린 빈들을 바라보며
다가오는 봄기운을 느낀다

땅은 비록 얼었어도
속일 수 없는 계절의 향기
추위는 결코 봄을 이길 수 없듯이
어쩔 수 없는 다가섬에
미소를 짓는 초췌한 갈대숲

빈들 들판에 홀로 서서
소리 없이 다가오는
생명의 소리를 듣는다

귓불이 시리고
손발이 차가울지라도
이 또한 지나가리라.

겨울 향기의 추억

베토벤의 음률 닮은
여름밤의 풀벌레 소리

연분홍 향기 그윽한 연못에
간들거리는 연꽃들의 속삭임
회색빛 향기로 가득하다

현란한 오색 빛 가슴에 안고
지난날의 추억을 되새기며
생명의 연못으로 살찌운다

어느새 양파의 매운맛처럼
찬바람을 온몸에 안고
싹트는 생명을 기다리며
앙상한 나뭇가지마다
고요히 흐르는 엄마의 사랑

퇴색한 단풍잎과 가을 향기는
하얀 눈 속에 추억이 되어
끝없는 질주 속에 봄은 또 온다.

설화

얼마나 꽃이 되고 싶었으면
겨울에도 꽃을 피울까

아침 눈을 뜨고
세상을 바라보니
하얀 꽃으로 변했다

겨울인 듯 봄인 듯
알 수 없는 설화 세계
나뭇가지 위에
쓰러질 듯 무너질 듯
하얗게 꽃이 피었다

건들면 쏟아질 듯
위태롭게 앉아 있는 설화

겨울에도 그렇게
꽃이 되고 싶었나보다

사막의 길도
먼저 걷는 사람이 길을 내듯
쌓인 눈길도
먼저 걷는 사람이 길을 낸다.

희생

태양은 자신을 태워
빛을 뿌리고
빛은 자신을 죽이고
어둠을 내린다
어둠의 장막을 내리니
밤하늘 별빛이 춤을 춘다
별빛이 하나둘 사라지니
능선 따라 아침 해가 구른다
검푸른 산 너머 파도는
육지가 그리운지 넘실대고
용수철 튀는 물결
안개꽃으로 피어난다.

1월 끝자락

신년 새달이 시작한 지 엊그제
송년(送年)과 함께 아침 햇살이
산 너머 얼굴을 비치고
하루가 시작된 그날
벌써 한 달이 흘러
1월의 마지막 날이 되었다
새해 마음 다짐했던 기억들
고스란히 가슴에 안고
눈앞에 우뚝 선 2월까지
그대로 심어보자
새해 희망의 꿈
열정의 따뜻한 마음
계획한 모든 일들이
온전히 이루어지길 기도하고
오늘도 지는 해 바라보며
내일을 기다려본다.

추억의 눈길

해마다 겨울 이맘때 되면
모든 사람 고요히 잠들 때
밤새 내린 눈으로
온 세상이 하얗게
눈 덮인 아침을 맞는다
희뿌연 하늘 머리에 이고
눈길 푹푹 빠지며
빗자루로 길을 내던 그때
햇살이 구름 사이 내비치면
수북이 쌓인 눈밭
스멀스멀 녹아내리며
질퍽한 눈길을 걷는다
발바닥에 튀기는 눈덩이
신발 속으로 들어온 물기가
양말을 촉촉이 적셔주었던 때가
언제이었던가 기억이 없다
때때옷 한복 입고
이 동네 저 동네 어르신들 뵙고
세배 올리고 다과 먹었던
그때가 또다시 왔다
새해 복 많이 받으세요.

새해는 변함없이

일 년 전 어제
산 넘어갔던 태양
새해 오늘 아침에도
변함없이 떠오른다
오늘 있었던 것이
이전에도 있었고
장래에 있을 것도
과거에 있었다고 하신 성경 말씀
오늘 또 하루가 지나는 시간
어제 봤던 붉은 태양
새해 첫날 오늘도 산 너머 또 진다
해마다 지는 해 바라보고
새해에는 어떤 일이 생길까
기도하고 바라지만
어제 졌던 그해는
오늘도 변함없이 또 진다
그렇게 새해는 또 오는가 보다.

겨울 아침

눈이 쌓인 낙엽을
바스락거리며 걷는 산길

이른 아침이면
살랑살랑 흔들어 주던
아기 손 같은 나뭇잎들

이제는 차가운 맨땅 위에
이리저리 드러누워
인간의 발길에 차이고 찍힌다

모든 것이 고요를 즐기는 시간
한때 지나가는 나그네
작은 손 흔들어 주던 자연

이제는 낯선 맨몸으로
멀거니 바라만 본다

뽀드득거리는 발자국 소리에
놀란 눈 크게 뜨고
푸드덕 날아가는 까투리와 고라니

놀란 가슴 다독이며
걸어온 눈 발자국
멀리서 되돌아본다.

동백꽃

한겨울 추위에도
붉게 물든 너의 심장

터질 듯 뿜지 못하는
그대의 정열
오늘에야 나는 알았네

그대의 사랑이 응결되어
터질 수 없었던 마음
단 한 사람을 위해
저리도 붉게 타올랐구나

살을 에는 추위에도
눈비 내리는 바람을 견디며
오직 한 사람만 바라보며
그렇게도 뜨겁게 타올랐구나

그대의 마음을
이제야 진정 알았다네.

눈 날리는 날

멀어져 간 세월 속에
두 손을 모아
힘껏 소리쳐 보고 싶다
그리운 사람들이여
잘 있느냐고.

눈 감으면 떠오르는
추억 속의 친구들이여
순수하고 이해심 없었던 시절

손등에 콧물 닦고
한 뼘도 안 되는 조그만 등에
도시락 보자기 둘러매어
흙먼지 날리며 뛰어가던 친구들

보고 싶고 그리운 친구들
또 한 살 채워지는 연말
먹고 싶지 않아도 넘어가는 나이

또다시 텅 비어가는 가슴
그립고 애절한 추억에
흩날리는 첫눈처럼
그리움만 가득 차네.

첫눈

뿌연 하늘을 바라보면
잿빛 구름에서
점점이 내려오는
천사들의 날갯짓

이날을 얼마나 기다렸을까
열두 달 기다리다 지쳐
마지막 응결되어 흩날리는 첫눈

한 줄기 바람 타고
거친 땅으로 내려오는 천사들

높은 하늘에서 바라보던 그 마음이
차가운 콘크리트에 접지하는 순간
무심코 밟아버린 발자국에
아무 소리 못 하고 흔적을 남긴다

첫눈은 그렇게
어린아이들의 마음처럼
순결하고 동심의 시절로
되돌아가게 하는 매력이 있다.

격려

힘들어 누워있을 때
웃는 너의 모습 보니
내 가슴에 힘이 되고

하얀 눈이 내려 떨고 있을 때
사랑스런운 너의 목소리 들으니
눈 쌓인 겨울 숲
활짝 핀 겨울꽃 같다.

안방 콩나물

어린 시절 이맘때 되면
따뜻한 안방 윗목에
때때로 폭포 소리가 들린다

말없이 가던 벽들이 만나
잠시 숨을 쉬는 곳
이마를 맞대고 소곤대는 곳에
숨 쉬는 생명들이 있다

단지에 담은 콩나물
시시때때로 물을 주는 할머니

키가 작은 손주를 위해
머리를 정성껏 가다듬고
노란 머리 위에 물을 붓는다

건조한 겨울철 안방에
가습기도 없던 시절
계곡에서 흐르는 물처럼
졸졸졸 흐르는 소리

할머니의 정성이 담긴
콩나물시루가 베푼 사랑으로
천정에 붙은 거미줄을 치울 줄이야.

요강

안방과 헛간이 떨어진 시절
툇마루 고무신 신고
바람에 먼지 날리던
넓은 마당을 가로질러
헛간에서 일을 보고 온다

일을 보러 갈 때마다
밖에 나가는 것이 귀찮아
안방 윗목에 잘 모셔 두었던
사랑스런 동그란 요강

추운 겨울 밖에 나가기 싫어
마루에나 안방에 잘 모셔두고
남자는 무릎 꿇어
두 손으로 잘 받쳐야 하고

여자는 인정사정 없이
이쁜 엉덩이 살짝 얹혀
무참히 깔아뭉갠다

그래도 밤새도록
찬 공기 흐르는 머리맡에서
안방을 지켜주고
추억과 사랑이 담긴 요강.

마지막 잎새

아파트 벽에 걸린
마지막 한 장의 외로움

봄 여름 가을 겨울 되어
이제는 텅 빈 벽에
달력 한 장이 보인다

열한 장 뜯길 때까지
무슨 일을 했는지
기억도 가물가물
마지막 세월을 지키고 있는
달력 한 장의 위력

뜨는 해와 지는 해 바라보고
아침에 얼굴 씻고
어둠이 내린 저녁 시간
얼굴 씻고 나니
금방 지나가는 일 년

이제는 형제들 다 떠나고
마지막 달력 한 장만
벽에 외롭게 매달려 있다.

함박눈이 내릴 때

눈이 펑펑 내리는 날에는
허허벌판에 서서
뿌연 하늘에서 점점이 퍼붓는
함박눈을 맞고 싶다

논바닥에 뾰족이 올라온
벼포기가 보이지 않을 때까지
걸어온 발자국 파묻힐 때까지
텅 빈 가슴속 깊이
함박눈이 쌓일 때까지
들판에 서서 맞고 싶다

멀리 우두커니 서 있는 산이
보이지 않을 때까지
머리 위에 하얀 눈이
수북이 쌓일 때까지
소리 없이 내리는 함박눈을
가슴 깊이 묻고 싶다.

掛席浮滄海
長風萬里通

돛을 올려 거푸른 바다로 배를 띄워라
거나긴 바람이 만리먼길을 하나로 통하리라

제양 주원호

5부

관용과 사랑

紅流天地外 山色有無中

강물은 아득하게 천지 밖으로 흐르고 아득한
산빛은 있는듯 없는듯 아리옹하도다

계당 추원호 쓰다

저녁노을

어둠이 지천에 내리고
산 너머 붉게 물든 하늘

꺼지지 않은 불빛
검은 커튼 뒤에
밝게 빛나고 있다

태양이 쓰러졌을까
산이 솟아났을까

아직도 식지 않은 정렬
타오르는 심연 속에
녹아나고 있는 지평선

그림자 길게 늘어선
산 너머 능선에
화사한 꽃이 피었을까

꺼져가는 아쉬움 남아
마지막 힘을 다해
말없이 사라지나 보다.

생명을 다해

세월이 흘러
노쇠해진 몸으로 쓰러져
숲속에 누웠다고 욕하지 마라

아직은 버틸 수 있어
도도한 모습으로 서 있다고
병든 육신 바라보며
업신여기지 마라

억겁의 세월 속에
모진 풍파 이겨 내고
떠나가는 신세

그래도 있는 힘을 다해
남아있는 진액을 뿜어
내 몸에 붙어있는 생명
끝까지 지켜주리라

힘없이 쓰러져 있는
참나무 고목에 기생하는
운지버섯의 운명이여…

저녁노을의 속삭임

하늘을 물들이는 붉은빛
저녁노을이 내 마음을 감싸네

구름 위에 퍼지는 황금빛
바람이 살랑이며 속삭이듯
고요한 순간
시간은 멈추고
일상의 소음은 잊히며
노을의 아름다움에 취해가네

푸른 산자락 물결이 일렁이고
저 멀리 지는 해 아쉬움 가득
하지만 내일 다시 만날 희망
저녁노을 속에
사랑을 담아본다.

수월경화(水月鏡花)

물에 비친 달처럼
거울에 비친 꽃처럼
황홀한 아름다움에
취하나
내 마음처럼 쉬이
잡을 수가 없구나
눈에 비치는 풍경으로
만족하고 취할 수밖에.

세월은 구름처럼

태초부터 정해진 숙명일까
어쩌다 탯줄을 달고
세상에 나온 운명

눈 뜨면 아침을 지나
어느덧 저녁이 돌아오니
세월 따라 나부끼는 인생
길가에 굴러다니는 낙엽처럼
정해진 운명은 아니라네

생각지도 못한 이 세상에
갑자기 태어난 생명
알지도 못한 이성을 만나
한평생 울고 웃고 지내다가
친척은 아니지만 친구도 되어
가까운 이웃도 된다네

한번 지난 젊은 시절 다시 오지 않고
말없이 바뀌는 사계질만 바라보니
흐르는 세월은 나를 기다려주지 않고
하루하루 먹어가는 아침과 저녁
차곡차곡 쌓이는 것은
만질 수도 없는 나이뿐이라네.

다슬기

낮에는 바위틈에 숨어
밤이 되기를 기다리는 마음

푸른 하늘 저 멀리서
부릅뜬 눈으로 바라보는
눈동자 무서워 바닥을 긴다

마땅한 팔다리 없어
입술로만 더듬거리며
어둠이 내리는
저녁만 기다리는 마음

반짝이는 별빛 소망하며
돌다리 두들기듯
긴 꼬리 자국을 내며
돌무덤에 걸터앉아
눈을 길게 빼고
두리번거리며 오른다.

맥문동의 율동

갈매기 우는 짭짤한 바닷가
곧게 자라지 못하고
아지랑이 피어나듯
춤추며 흔들거리는 소나무

사랑을 많이 받았을까
시원한 그늘 만들어 주고
폭풍 막아주는 나무 밑에
어쩌면 그리도 잔잔하게
밑그림을 그리고 있을까

난도 아니고 잡풀도 아닌 것이
자줏빛 꽃을 피우고
싱그럽게 바닷가를 지키고 있는
불로장생을 꿈꾼 진시황의 불사초
맥문동의 꽃향기.

자연의 노여움

인간들 욕심으로
우리는 찜통속에 죽겠노라

계절마다 산불로 화재로
대기를 더욱 상승시키며
인간의 욕심으로
자연을 훼손하고 파괴하니
그 피해는 고스란히
인간에게 되돌려지는구나

건물마다 열반사 유리
도로는 열기를 뿜어대는 자동차 매연
고층 건물의 층층마다
외기 기온을 덥히는
보일러실 에어컨 연통들

인간들은 자기네 편하겠다고
밖으로 온통 열기를 품어대면서
조그만 울타리 안에서
안락을 즐기고 있네

아고야~~인간들 살리기 위해
우리는 죽을 지경이네 우짤꺼나.

파도

파도는 먹이를 주지 않아도
멀리서 어떻게 알고 달려올까

불러도 오지 않던 파도
해안가에 보고 싶은 사람 있어
달려오는 것일까

어떤 때는 하얀 이빨 드러내고
어떤 때는 스멀스멀 다가오는 파도

겹겹이 어깨 춤추며
해안가에 다가온 파도

그리운 임 찾지 못하고
흰 거품 흩뿌리며
말없이 떠나 버린다

파도여, 반겨주는 사람 없어도
바람 부는 날이면
언제든 찾아오거라.

계절은 흐른다

유난히 더웠던 여름 지나가니
푸르렀던 가지들
하나둘 옷을 벗는다

에어컨 바람에 몸을 축이고
이마에 땀방울 송골송골 맺힐 때
가을빛이 창가를 두드리며
붉은 갈색으로 변해가는 시간

풀벌레 소리도 지쳐가는 듯
귓가에 메아리치며
떠나가는 여름을 아쉬워한다

자고 나면 계절이 변하고
해가 뜨고 지다 보면
한 시절의 계절로 돌아가는 순간

머지않아 낙엽이 지고 나면
지나간 시간 가슴에 묻고
고요히 침잠하라는 듯
먼 산에 하얀 눈이 쌓이리라.

석양

한낮에 뜨거운 빛으로
세상을 달구고
어느 때는 시원하게
어느 때는 솥 가마처럼
뜨겁게 달구다가
산 너머 고요히 사라지는 석양

이제는 가을날 다가오니
따스한 사랑으로
모든 허물 말없이 묻어주고
어둠의 포장으로 감싸준다

낮 동안 시끄러웠던 소음
검은 치마폭으로 씻겨주고
찬란한 새 아침 되면
새 생명으로 거듭나라고
어둠 속으로 사라지는 석양

아침부터 저녁까지
쉴 새 없이 움직이었던 육신
빛나던 태양 붉게 익어가며
긴 꼬리의 여운을 남긴 채
침묵 속으로 사라진다.

누에의 삶

해가 뜨는 아침이면
깔아 준 잔가지에 올라앉자
사각사각 소리 내며
자신의 존재감 일깨운다

널찍한 선반에
뽕나무 널려 놓으니
허겁지겁 뾰족한 주둥이로
배고픈 허기 채운다

어디를 향해 가는 걸까
하얀 몸뚱어리 채우고 나면
아기들 잠자듯이
소곤소곤 잠을 자는 누에

그렇게 며칠이 지났을까
어느새 하얀 실을
입에서 토해 내고
자신은 그 속에 갇힌다

어떻게 조그만 입에서
하얀 실을 뽑아내며
비단실 주머니 속에 앉아
자신의 집을 지어가며
조용히 영면의 길로 가는 걸까.

강아지풀의 겸손

걸어도 걸어도
숨이 차는 아침
무더운 여름철 땀 흘리며
아침 산책에 나선다

기다란 목을 빼고
밤새 평안하셨냐고
겸손히 인사하는 강아지풀

무더위에 지친 육신
걷기에도 힘든 팔월
매미 소리 요란한 폭염의 하루
지나가는 나그네
잘 가란 듯 인사한다

그동안 못 보아서 미안했을까
토실토실 귀여운 꼬리만 내밀고
부끄러운 듯 얼굴 가리고
땅속으로 도망가는 강아지풀

꼬리일까 고개일까 모르지만
한 해가 서서히 익어가는 계절
힘겹게 걷는 나에게
잘 가라는 듯 고개 숙이고
살랑살랑 흔들어 댄다.

내 마음은 바다

아침 햇살은 그리움 속으로
애틋하게 파고들고
하늘과 맞닿은 지평선에
줄타기하는 고깃배 하나

비릿한 바다 향기
넘실대는 파도의 웃음소리
하늘을 나는 갈매기의 날갯짓
시원한 바닷가를 그린다

하얀 모래밭을 거니는 연인
그들의 은밀한 속삭임도
파도 소리에 섞이어 들려오는 시간

사랑으로 가득한 바다의 풍경
세상 근심 걱정 떨쳐버리고
삶의 의욕으로
머언 지평선을 바라본다

분노하는 마을
슬픈 마음을 비우고
넓은 바다를 바라보면
비운 내 마음속으로
기쁨의 파도소리가 들어온다.

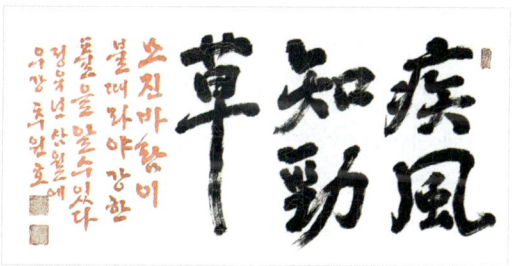

맨발

가을이 시작되는 구월을 앞두고
이른 아침 산길을 걸어보는 시간

밤새 울어 젖힌 풀벌레 소리
지쳐서 희미해지는 아침
숲 속 이곳저곳 맨발의 소리와
사뿐사뿐 걷는 여인들의 발걸음
싸늘한 발바닥의 촉감이
온몸에 전율을 일으킨다

맨발로 걸으면
건강에도 좋다고 하는데
걷다가 발바닥의 통증으로
어느 땐 터지는 고통의 소리
그래도 황톳길을 걷고 나면
온몸에 땀이 흐르고 개운하다

산짐승들은 맨발로 뛰어다니어
인간처럼 잔병 없이 산다고 하니
발바닥이 가끔 아프더라도
열심히 걸어야겠다.

밤송이

고슴도치 외투를 입고
무얼 그리 즐거운지
입 벌리고 웃고 있다

하늘 공중에서 그네 타는지
가을바람에 흔들거리며
반짝거리는 삼 형제

얼마나 땀이 났을까
벌어진 틈새로
한 알 쏘옥 빠지니

떠나는 형제 아쉬워
저마다 소리치며
우르르 쏟아지는 알밤.

옥구슬

희뿌연 하늘 아래
고요히 잠자고 있는 연못
은쟁반이 아닌 청쟁반 위에
반짝이는 옥구슬

주먹 불끈 쥔 아기 손처럼
떠다니는 고깃배처럼
수면 위에 내민 손이
두 팔을 벌리고
옥구슬을 안고 있다

한 아름 모아다가
힘들고 고달픈 사람들에게
듬뿍 안겨주고 싶어 하는
연잎의 갸륵한 마음

물속 붕어들의 입술에
간지럼 타는 듯
파르르 떨리는 옥구슬

오늘 하루만이라도
눈동자 서로 마주 보고
웃음 짓는 모습으로
풍성한 시간이 되어보자.

밤꽃의 속삭임

산속 숲길 걷는데
오솔길마다 송충이도 아니고
지렁이도 아닌 것이
발에 밟힌다

보슬비 내리는 아침
그윽한 향기를 품어내는
밤나무 밑을 지나가니
이곳저곳 떨어진 밤꽃

솜털로 매듭을 짠 듯
살아있는 생명처럼
바람에 나뒹구는 지체들

저들도 세상에 태어나
자신의 사명 다하고
모체에서 떨어져 나와
아직 매달려 있는
형제들 바라보며
이별의 손짓을 한다

땅 위에 고요히 누워
지나간 추억들을 생각하며
어깨를 맞잡고 소곤대는
낙화한 밤꽃들의 이야기.

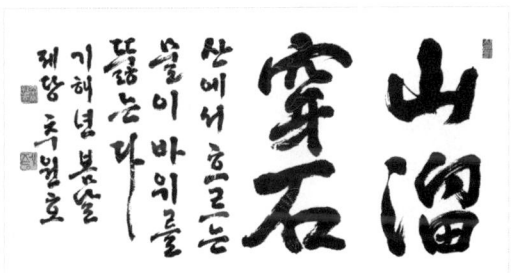

노를 저어라

어라랏차 노를 저어라
허허대해 멀고 먼 길
노를 저어 산 넘어 강 건너
바다로 나아가자

겨울 지나 봄이 오니
연못 속에서 피어나는 잎
잔잔한 수면에
파란 돛단배가 떠 있다

손가락만 한 연잎
아침 햇살 받으며
주먹 쥔 두 손 펼쳐
물 위에 드러누워
두 팔 벌려 반겨 주네

오뉴월 지나면
물속 다리에 힘이 생겨
우후죽순 피어나는 연꽃들
고운 아기 손처럼 아장아장
수면 위에 떠 있네

물속 붕어들 입술에
간지럼 타는 듯
파르르 떨리는 연잎들.

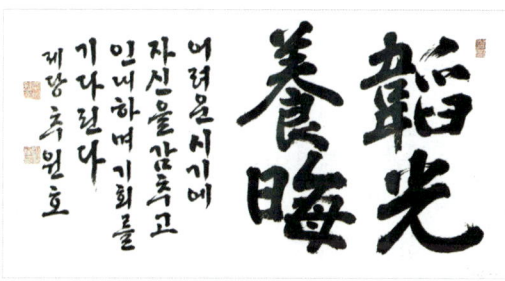

메밀꽃 연정

하얀 무리 꽃 날개를 달고
조용히 언덕에 드러누워
영혼의 그리움을 띄운다

자연과 벗 삼아
떠나지 못하는 나비 되어
애간장 태우는 기다림으로
스쳐 가는 하늬바람
가슴에 안는다

떠나가는 붉은 꽃 계절
아쉬움을 간직한 채
수천 송이 하얀 꽃피우는
몸놀림의 아우성

세월이 흘러도
지워지지 않는 사랑의 꽃으로
그대 곁에 영원히 머무르고 싶다.

창공의 조각가

푸르른 하늘을
두 쪽으로 동강 내고
흐르는 구름도
두 쪽으로 쪼개놓고
청잣빛 하늘을
조각칼로 도려내듯이
우뚝 선 고층 건물이
바라보는 풍경을
조각가의 손을 빌려
푸른 하늘과 밤하늘을
묵직한 채색으로 그려놓았네.

연리지 사랑

한 몸에서 태어나
삼 형제가 되었네

삶의 인연은
어쩔 수 없는 것
헤어져 살다가
그 사랑 못 잊어
또 찾아왔네

살아온 이유가
서로 다를지라도
어차피 한 핏줄인걸
부둥켜안고 형제애를
나눠보며 웃어보세

따뜻한 체온 느끼며
우리 형제 변치 말고
위로하며 살아보세

메밀꽃 마음

하얀 날개 퍼덕이며
언덕에 잠시 쉬었다가
이내 주저앉아 버린 메밀꽃

언덕 바람에 기대어
하얀 손수건 흔들며
지나가는 나그네
사랑의 미소 던지네

아고야 이쁘도다
머리에 고깔쓰고
멀리서 손 흔들어주는
안개 같은 메밀꽃의 영혼들.

아침에 너를 본다

아파트 발코니 창밖
커다란 소나무 바라보며
아침이면 밤새 꿈을 꾸고
팔을 뻗어 엉금엉금 기어간다

노란 줄을 창틀과 연결하니
물먹고 힘을 내어
가느다란 팔을 뻗어
하늘을 잡을 듯 기운을 낸다

옆에서 붙어 따라다니며
팔랑팔랑 응원하는 잎
더울 때는 부채질하고
흐르는 진땀도 닦아주는
동반자 푸른 잎

수염 같은 팔로 줄을 당기며
창밖 세상도 바라보고
지나가는 자동차 소리
소란스러운 아이들 소리 들으며
무럭무럭 커가는 포도나무

가을 되면 혹 열매가 열릴까
기다릴 수 없는 마음으로
새 아침을 맞이한다.

거미줄

은빛 명주실에 걸린 이슬
주렁주렁 옥구슬처럼
아침 햇살에 빛난다

나뭇가지 이어 가며
비장의 무기 실타래를 풀어
허공에 그물을 치고
자신만의 주특기를 발휘한다

이내 걸려든 하루살이와 잠자리
몸부림치는 치열한 싸움
온몸을 흔들어 곡예 하듯
생명의 덫과 싸워야 하는
운명이 걸린 순간

어디선가 외줄 타며
먹잇감을 낚아채는 거미
속절없이 바람에 흔들리는
거미줄 돌돌 말아
두 동강 나는 나방의 반쪽 날개.

빨래

졸졸졸 흐르는 냇가
피라미는 물결 따라
꼬리 흔들고
커다란 돌판 위에
축 늘어진 빨래
두툼한 몽둥이로
온몸을 맞을 때마다
창백한 표정으로 희어진다
다리부터 허리까지
두들겨 맞을 때마다
녹초가 된 빨래
끝내 늘어진 육신
흐르는 물에 물고문당하고
온몸을 비틀어
쥐어짜는 빨래의 신세
몽둥이로 맞을 때마다
거부하거나 반항 없이
더욱 희어지는 빨래의 속성.

화분들의 미소

햇빛 잠자는 발코니
창문 열어 논 틈새로
꽃가루와 황사 날아오고
무심코 잊고 살아온 화분들

물 분무기 들고 잎에 뿌리니
간지럼 타는 듯 환한 표정과
감동의 눈물을 흘린다

그동안 꽃가루 먼지 속에
얼마나 원망했을까
무심했던 주인을
얼마나 미워했을까

사랑해 줄 줄 모르고
얼굴에 마사지 못해 주는
집주인 흘긴 눈으로 바라본다

분무기 잡은 손가락 힘을 주어
하나하나 뿌려주며
빤짝거리는 잎을 바라보니
환한 표정으로 미소 짓는다.

마음의 여유

며칠간 밤낮없이
숨 가쁘게 보내고
아침마다 오르던
산길을 걷는 오후

모처럼 마음의 여유와
시간의 쫓김이 없는 휴일
하얀 꽃들은 다 지고
연한 녹색의 나뭇잎도
푸르다 못해 짙어간다

시계만 봤던 며칠간 사이
자연의 변화가 달라졌다

하늘 아래 나뭇잎은
동색으로 닮아가고
공기의 흐름도 부드러운 시간

뭉쳤던 다리의 근육도
산길을 오르며 풀어지니
조그맣던 나뭇잎도
헉헉거리는 강아지 혀처럼
산들바람에 흐느적거린다.

흐르는 바람 따라

오늘은 바람 부는 대로
흐르는 물결에 기대어
마냥 떠나고 싶다

노를 저을 수 없는 아이처럼
흐르는 바람에 기대어
아무 생각 없이 흐르고 싶다

노를 젓는다는 것은
목표가 있다는 것

오늘은 뒷걸음치는 산도 보고
출렁이는 강물도 바라보며
검은 물속에 잠긴
별빛의 속삭임도 듣고 싶은 시간

때로는 가끔 그렇게
아무런 생각 없이
흐르는 강물 따라 떠나고 싶다.

새벽녘의 소망

어둠이 슬그머니 꼬리를 내리고
회색 구름 동쪽 하늘엔
붉은 심장이 뛰는 시간

산 위에 하얀 눈이 덮이고
밤새 추위에 떨었을까

불규칙한 산등성이의 곡선이
또렷이 보이고 산 아랫마을
듬성듬성 전등불이 보인다

뿌연 하늘에 세찬 바람이 불었을까
여우의 긴 꼬리처럼
길게 뻗어나간 회색 구름

오늘도 눈이 내릴까
가뭄에 지친
저수지의 타는 목마름

지리산 능선을 따라
붉게 물든 구름이
목마른 자연을 적셔줄
눈비라도 내려주었으면…

바닷가의 속삭임

서서히 어둠의 장막을 내리고
파도가 모래를 간지럽히는 시간

하얀 모래밭에
속삭이는 연인들의 발자국

구름의 그림자가 스쳐 가고
한줄기 별빛도 줄을 긋는다

질투의 심보일까
연인의 발자국을 지우고 가는
심술궂은 파도의 마음

출렁거리는 바닷가에
별빛을 따라 춤을 추는
갈매기들의 날갯짓

끊임없는 재잘거림에
해변은 언제나 고요히
잠들 날이 없다

그래도 모든 것 감싸주는
넘실대는 파도가 있어 좋다.

관용과 사랑

편백나무 뿌리는
자기 영역을 침범해도
마음이 너그럽다

척박한 땅속에서
꿈틀꿈틀 뿌리를 뻗어
이웃집 담 넘어가도
다투지 않고 공생한다

근육 같은 힘자랑 해도
어깨 부여잡고 격려하며
폭풍우에도 견딜 수 있도록
서로 잡아주고 힘을 주는 뿌리

발바닥에 밟혀도
움찔거리지 않고
인내하며 견디어낸다

우리의 삶도 짧은 인생
편백나무 뿌리처럼
다투지 않고 사랑으로 살았으면…

폭풍과 바다

이름도 이상한 힌남노 태풍
먼 곳 남쪽 해양에서
회오리바람과 함께 북상한다

제주도의 남단
산방산에서 바라본 바다
태풍이 밀려오니
너울너울 춤을 추는 파도

해맑은 푸른 바다는
하얀 거품을 입에 물고
육지를 향해 거침없이 부딪친다

다시 돌이킬 수 없는 역류
해안을 집어삼킬 듯
공격하고 또 공격하는 파도

억척스러운 바위에 부딪치면
하얀 물방울 튕기며
한숨에 달려온 포효처럼
거친 입김으로 물보라 친다.

떠나간 자리

푸른 하늘이 보입니다
그토록 애간장 태워 놓고
무심히 떠나가다니요

파도를 일으켜
물바다 만들어 놓고
모진 바람 불어
길가에 나뭇잎 흩트려 놓고
그렇게 애간장 태우고
훌쩍 떠나버렸네요

미워요 그대가 미워요
멀리멀리 떠나
다시는 오지 말아요.

6부

일상

國家安危
勞心焦思

안중근의사의 글
대양 주원호

천년 전주의 노래

천년의 역사를 품은
아즈넉한 도시 전주여
너의 미소는 영원히 빛나네

오랜 세월의 기억을 간직한 곳
전통 한옥의 날개 속 숨결
도도한 역사가 흐르는 전주

전주성의 기둥 한옥마을
조선의 숨결이 스며 있고
고운 풍경 속에
사랑의 이야기가 시작되네

문화의 향연이 꽃피우고
판소리의 가락이 울려 나는 곳
향기로운 비빔밥의 손놀림
입맛을 사로잡고 나누는 정

달빛 아래 고즈넉한 골목길
천년의 이야기가 흐르는 곳
전주여, 너의 품에 안겨
사랑과 꿈을 함께 나누고 싶네.

누군가 그리울 때

누군가 그리울 때
꽃다발 한 아름 들고
따스한 봄날을 기다린다

추위에 선뜻 나서지 못하고
싱그러운 오월이 되면
꽃다발 한 아름 들고
담벼락에 기대어
그대 얼굴 볼 수 있을 때까지
하염없이 기다린다

낮에는 나무 그늘에 서서
밤엔 남몰래 담벼락에 붙어
창가에 앉은 그대 모습 그리워
지친 팔다리 휘저으며
성큼성큼 기어오른다

몸 가시 부스러지며
미소 짓는 그대 모습 볼 때까지
긴팔 벽에 대고
기어오르는 붉은 장미
그대의 이름은 열정이어라.

끝은 어디일까

엄마의 뱃속에서 잉태할 때
억 개 넘는 경쟁을 뚫고 온 당신
얼마나 대단한 생명인가
세상에 나와 살다 보면
경쟁을 치러야 하는 것도 다반사

어쩌다 해외 공항에 있을 때 보면
수많은 사람들의 다른 모습
얼굴도 체형도 각각 다르다

곡식과 벌레 동물들은
그 종류가 다를지라도 닮은 꼴
인간은 하나의 종류지만
나라나 인종별로 다름은 무엇일까

수억 개 정자 중 하나만 맺은 인연
같은 아빠 엄마일지라도
2세의 형체는 모두 다르니
어쩌면 인산만 차별화되있을까

공항에서 만나는 사람들
인종이나 형체의 다름을 보면
그 끝이 어디일까 생각해 본다.

너 나가!!!

어린 시절 너 나가란 말 들을 때
몹시도 상처받던 생각이 난다
얼마나 무시당하면
수업 중에 나가라는 말 들을 때
회의 중이나 모임 때
어디서든 나가라는 말 들을 때
자존심 상하고 상처받던 때가 있었다
일본에서 〈너 나가〉라 하면
곧 바다에 빠져 죽으라는 뜻
사면이 바다인 일본
너 나가라 하면 갈 곳은 오직
출렁이는 바다뿐이니
결국 죽으라는 뜻이었다
너 나가라 하면 그것은 곧
인간 멸시의 최고의 언어.
요즘도 간혹 집에서 나가라고
너는 쓸데없으니 나가라고
그런 말을 들을 때가 없을까
아내가 남편에게 너 나가
남편이 아내에게 너 나가
부모가 자녀에게 너 나가

그런 모욕적인 말보다
언제나 너를 사랑한다는 말을
주먹보다 작은 입에서
한 치의 혀에서 나오는 말이
불을 지펴 잿더미로 만들 수 있으니
〈너 나가〉라는 말보다
너를 사랑해라는 말이 얼마나 좋을까
사랑은 결코
미안하다는 말을 하지 않는다.

아파트의 삶

어둠이 도심에 내려앉고
하늘을 찌를 듯한 고층 아파트
하나둘 전깃불 켜지고
환하게 비친 거실 창 바라보니
숨소리가 들리는듯하다
삶의 현장에서 볼 때와는 다른
다닥다닥 붙은 아파트 모습
멀리서 바라보이는 움직임의 정체
마치 닭장의 생명체들처럼
그렇게 보이는 것은 왜일까
초겨울 서릿발 같은 아파트
그 속에서 숨을 쉬는 생명체
밀면 넘어질 듯
바람 불면 쓰러질 듯
땅속에 박혀있는 콘크리트 건물
똑같은 틀 안에서
자신의 삶을 각자 맞춰야 한다
변형시킬 수도 없는 구조
닫힌 공간 속에서
삶을 맞추며 살아야 한다
틀 안에 갇힌 닭들처럼…

기후 위기

언제부터 기후 위기인가
석유를 채굴하여 냉난방 쓰고
수많은 자동차 만들어
길거리에 쏟아붓고
대기의 공기를 노상 덥히니
일 년 내내 식을 줄 모른다.
쉴 새 없는 자동차와 비행기의 운행
고층건물과 아파트에 설치한
보일러 연통의 멈출 줄 모르는 열기
이 모든 것은 하늘 아래 공기를
서서히 덥히어 기온을 올리고
덥혀진 바다는 극지방 만년설 녹이니
수온의 상승으로 공기는 계속
식을 줄 모르게 올라간다.
오죽하면 잠 좀 자고 싶다고
아스팔트 도로는 하소연할까
현대 문명의 온갖 잡동사니로
해마다 기온은 싱승하니
이제는 온 인류가 합심으로
지구 온난화 막을 방법을
목숨 걸고 만들어내야 한다.

마음의 비밀번호

누구나 마음속에
비밀번호는 갖고 있으니
그 마음속에는
누구나 들어갈 수는 없다

자신의 핸드폰 비밀번호가 있듯이
마음속 비밀은
함부로 드러내지도 않는다

나이 들어 치매에 걸리면
그 비밀번호도 잊어버리니
노트에 잘 적어놔야 하고
기억 상실되기 전
마음속에 가두어 놓은 비밀은
녹슬기 전에 다 풀어야 한다

그 누구도 어찌할 수 없는
자신만의 그리움이 있으니.

침묵은 금

활짝 핀 꽃밭
무언의 함묵으로
입을 지키라 한다

세상에 살면서
할 말은 많아도
말하고 싶어도
참아야 할 때가 있고
인내하고 기다릴 때도 있다

옹기종기 모여
어깨를 서로 부여잡고
무언으로 힘내라 한다.

부천시 호텔 화재를 보며

사람은 누구나 어디서든
뜻밖의 화재를 당할 수 있다
화재 초기 제압할 수 있는
비싼 스프링클러 설치하지만
시일이 지나면서 능력이 떨어져
제 기능을 못 할 수도 있다
실내에서 불이 나면
창밖으로 화염이 뿜어 나가고
불을 피하기 위해 복도나 계단
발코니 피난 구역으로 나가지만
정작 계단이나 엘리베이터는
상층부로 연기나 불이 번져나가는
촉매 역할을 하기도 한다
반면 화장실은 수돗물이 나오고
물을 담을 수 있는 욕조가 있어
오히려 다른 곳보다 안전하다
앞으로 화장실 문짝도
내화성 있는 방화문으로 하여
피난 화장실 역할을 해야 한다
거실과 복도와 계단보다는
연기나 불길을 역으로 막아주는
양압 화장실이 되도록 건축법규를
전 국민적으로 시행해야 한다.

역지사지(易地思之)

서울에서 야간 고속버스로
하행선을 탄다

금요일 오후 저녁 시간
버스 전용선을 타고
남보란 듯이 거침없이 달린다

승용차로 달릴 때와는 달리
막힘없이 질주하는 버스 노선

밀려서 멈춰있는
2차선 승용차들 바라보니
격세지감(隔世之感)을 느껴보는 순간

밤하늘 별빛처럼
도로에 멈춰있는 수많은 차량
주차된 차들처럼 움직임이 없다

보란 듯 내달리는
고속버스의 엔진 소리
모처럼 달리는 기분을 느껴본다.

열린 마음

맑은 물 가득 담은 댐은
수문을 열어야
풍성한 물이 흐르고
무뚝뚝한 사람도
마음의 문을 열어야
소통이 되고 정이 흐릅니다
골짜기 바람도
지나친 숲으로 채우면
신선한 바람이 막히고
굳게 닫힌 창문도
빈틈을 내주어야 소통되듯이
사람의 마음도
틈이 있어야 비집고 들어갑니다
마음의 여유를 가지고
하루하루를 살아갑시다.

슬픈 인연

밤새 귓가에 내려온 구레나룻
밤이면 몰래 내려와
턱수염과 연분을 맺는다

그것도 잠시
아침이면 어김없이
또 이별을 해야하는 슬픈 사연

밤새 따스한 체온이 가기 전에
동트는 아침이면
날카로운 면도칼에
사랑을 끊어야 한다

아. 슬픈 인연이여
오작교 나룻터에서 만나
낮에는 헤어져야 하는
견우와 직녀의 슬픔이런가.

도로의 하소연

아~쉬고 싶다
언제나 한번 조용히 쉬어 볼까
언제나 한번 마음 놓고 편히 쉬어 볼까
낮이며 밤에도 쉴 때가 없다

봄이면 벚꽃이 내려와
위로해 주고
여름이면 폭우와 뙤약볕이
할퀴고 쓰다듬어 주며
가을이면 낙엽이 내려와
속삭이는 친구가 되어
겨울에는 하얀 눈이 내려
포근한 이불이 되어 주던 그때

나는 한시라도 잠잠히 쉬고 싶다
그 어떤 것 스쳐감이 없이
오랫동안 편히 자고 싶다

오로지 마음 놓고
쉬고 싶을 때는
민방위 훈련 때가 아니었던가

민방위훈련이 없어진 걸까
바퀴 소리 없는 새벽이라도
마음 놓고 편히 쉬고 싶다.

붕어의 욕심

조그만 공간 속에서
검은 눈동자 크게 뜨고
나의 손길과 숨소리를
얼마나 기다렸을까

탁자 위에 올려놓고
뜨거운 차 부어도
움직일 줄 모르고
미소만 짓는다

가지런히 따라 논
조그만 찻잔 속에서
차의 맛을 느끼고 있을까

따끈한 물속에서도
요동치는 몸부림 없으니
작은 찻잔은 흔들림 없이
입추를 즐기는 붕어의 인내

순종하는 마음으로
주인의 손길을 기다리며
두 눈 동그랗게 뜬 채
내 눈과 마주쳐 본다.

비록 힘들지라도

내가 가야 할 길이라면
어떻게든 가야 한다

그 길이 비록 험하고 힘들지라도
내가 꼭 가야 할 길이라면
지팡이 짚고서라도 가야 한다

굼벵이가 온몸을 흔들며
달팽이가 고개를 쳐들고
날이 새도록 기어가듯
내가 꼭 가야 할 길이라면
지렁이가 온몸으로 가듯이
가야만 한다

시간이 걸리고
희망이 보이지 않을지라도
지금까지 나를 이끌어 주시고
인도해 주신
하나님 한 분만 생각하며

끝까지 내 손을 잡아
이끌어주실 줄 믿고
그분의 믿음으로 힘차게 걷는다.

이음매

언제 보아도 가까이 못하고
서로 바라보고 있어도
웃음을 띠지 못했던 우리

가까이 있어도
가까이할 수 없었고
손을 뻗어 끌어안을 수 없었던
영원히 먼 산만 바라봐야 하는
소갈머리만 끓었던 우리

떨어진 너와 나를 하나로 묶어
비록 곁에 한 몸으로
껴안을 수 없을지라도

이제는 기다란 교량 하나로
서로 바라보고 소통하여
한 몸을 이룰 수 있으니

긴 팔을 뻗어
서로 손을 잡고
반가운 악수라도 해보자.
무슨 죄를 지었길래
아아 슬프도다

정겨운 친구

카톡 카톡
아침에 눈을 뜨니
머리맡에서 노크한다

밤새 잘 잤느냐고
창가 옆에서 두드리는
보이지 않는 친구

잠든 사이 노크하면
모두가 싫어하니
아무 때고
문을 두드릴 수 없고

밤새 참고 있다가
아침 해가 떠오를 때면
기상 소리가 들린다

개인 생활 보호를 위해
카톡 소리 나지 않는
무음으로 돌려놔도 좋겠다

오늘도 카톡 방에
어떤 소식 있을까
눈을 크게 뜨고
손가락 끝을 놀려본다.

인생의 길

살아간다는 것은
바람 부는 대로 흔들리며
적응하는 것이라네
바람에 대항하면 부러지니
인생의 삶은
물 흐르듯 살아가야 한다네
산다는 것은
바람 부는 대로 흔들리고 휘어져야
마음도 다치지 않고 살아간다네

우리의 인생은 어차피
고행을 안고 가는 장도의 길
험하고 거친 세상도
언젠가는 지나가리니
흐르는 바람에 기대어
말없이 흔들거리는 갈대처럼
거친 뿌리 드러내지 않고
순응하면 살아가는 것이
삶의 길이 아닐까 싶다.

무슨 죄를 지었길래

아아 슬프도다
무슨 죄를 지었길래
온몸이 묶인 채
어디론가 끌려가야 하는가
코끝 시린 창고에 갇혀 있다
어디론가 멀리 팔려 가는 신세
살면서 지은 죄라면
푸른 바닷속에
분비물 버린 죄 밖에
누구는 코인으로 재산 축적
누구는 사기 쳐서 재물 축적
세상에 죄 많은 존재도 많은데
깨끗한 물속에 오줌 쌌다고
짚으로 묶여서 끌려가는 신세
불쌍하도다 굴비여…

쇠보다 무거운 것

우리의 육신에서
제일 무거운 것은 무엇일까

머리 고개도 아니고
팔다리도 아닌데
그토록 무겁게
짓누르는 것은 무엇일까

어깨에 짊어진 가방도
머리에 이고 다니는
짐도 아닌데
육신에 붙어 있는 것 중
그토록 무겁게 하는 것이
그 무엇이랴

몸이 피곤하고
잠 못 이루어 자고 싶을 때
스르르 눈이 감길 때
도저히 뜰 수 없는
얇은 눈꺼풀이
그토록 무거울 줄이야

천근만근보다 더 무거운
눈동자를 덮는 이불
눈꺼풀이 그토록 무거울 줄이야.

인질

어린 시절 친척 친구들
절친하지는 못했어도
한 집에서 먹고 자고 했다고
어느새 정이 들어
헤어지기 아쉬울 때 있었다

며칠간 얼굴 맞대고 놀았다고
그토록 정이 들었단 말인가

막상 떠나는 날
헤어지기 싫어
뜰팡에 벗어놓은 신발
어디다 감추고
가지 못하게 했던 때가 있었으니

떠나려는 사람 붙잡기 위해
신발로 인질 삼았던 때

그래도 마음씨 고운 친척
마지못해 하룻밤 더 머물다
떠나가는 허전한 마음.

액자 속 사진

빛바랜 고교 시절 사진
기억이 가득한 서랍 속에서
고요히 잠들고 있다

빛도 없이 반겨주는 이 없는
외로움의 공간에서
사계절과 세상이 바뀌었어도
말없이 침묵하고 있는 표정

부모님 앞에서 꽃다발 안고
검정 교복 입었던 시절
사진은 그렇게 표정 없이
나를 맞이한다

학창 시절 추억들이
머릿속을 휘저으며
날잃이 지켜주었던
부모님들의 사랑이
수몰된 고향 터 안방으로
말없이 찾아든다.

달빛 고등어

비 내리는 오늘 밤
은은히 비치는 달빛에
온몸을 목욕하고
익어가는 오월의 밤
밥상 앞에 앉는다
눈앞에 들어온 고등어
달빛에 구웠는지
검게 그을린 고기
한입에 급히 넣으니
입천장을 데었다.

죽마고우

우거진 숲속 아침 햇살
푸른 나뭇가지 사이로
빗살처럼 흐른다

고요히 잠자는 생명들
간지럼 타는 듯
꿈틀대는 근육과 핏줄

땅속 누구를 그리워할까
어깨와 어깨를 넘나들며
남의 영역 침범해도
피차 다투거나 싸우지 않고
견디어 주는 너그러움

밤새 힘자랑했을까
아니면 부부 싸움이라도 했을까
땅 위로 솟구치는 핏줄처럼
땅속 파고드는 편백나무 뿌리

서로 껴안고 붙들어
여름의 폭풍우에도 견디는
편백나무 뿌리의 힘자랑.

바늘

그대는 춥지도 않은가
얇은 옷 한 벌 걸치지 않고
맨몸으로 지내야 하는 너

그토록 열정적으로
무엇을 위해
누굴 위해 기다리는가

어디든 뚫고 들어갈 수 있고
무엇이든 꿰뚫을 수 있는 힘
때가 되면 실오라기 하나 걸친 채
기세등등하게 헤치고 스쳐 간다

오늘도 맨몸으로
추위를 견디며
누군가 손길을 기다린다.

이심전심

거목은 지나온 세월 생각하며
가만히 있고자 하나
봄바람은 쉬지 못하게 하고
세상 바라보며 침잠하고 싶으나
산새들은 사랑 나누며
시샘하게 만드네

흘러간 세월 아까워
부모 사랑받고 싶어
자식 된 도리로 효도하고자 하나
떠나가신 부모님 천국에 계시니
이내 마음 기다려주지 않네

지금도 가끔 집안에 계실까
전화를 걸어봐도 받지를 않으시니
떠나가신 보모님 사진첩 보며
살아생전 모습들
그저 바라보기만 한다네.

마음이 흔들릴 때

마음이 복잡하고 심란할 때
올곧게 뻗어 올라가는
대나무 숲으로 간다

바람 부는 날
스산하게 흔들려도
결코 쓰러지지 않는 대밭
휘어질 듯 부러지지 않는
천둥이 치고 폭우가 내려도
아버지의 든든한 어깨처럼
고통스러운 모습 보이지 않는
대나무 숲으로 간다

세상일이 바르지 못하고
오장육부 흔들릴 때
대나무 숲으로 간다

하늘 향한 고드름처럼
좌우로 치우치지 않고
일편단심 한 길로만 향하는
밑동을 잘라내도

또다시 피어나는 인고의 세월
소리 없이 다독이는
어머니의 가슴처럼 따뜻한
대나무 숲으로 간다.

조각하는 시간

눈을 뜨는 아침
미켈란젤로가 생각난다
아침마다 거울 앞에 서서
조각하는 시간
날카로운 칼을 손에 쥐고
좌우로 위아래로 밀며
밤새 다듬지 못한 얼굴
이리저리 더듬으며
다듬고 또 다듬는다
밤새 무엇을 먹었을까
사랑해 주지도 못했는데
아침 눈을 뜨면
거울 보고 다듬어야 한다
하루의 일과 중
제일 먼저 해야 하는 일
턱을 조각하고 얼굴을 밀어
매끄럽게 다듬어야 한다
날카로운 면도칼이
무디어질 때까지 갈고닦는다
그렇게 하다 보면 결국
손들고 항복하는 면도기.

삶의 터

서울을 벗어나
지방에 살다 보니
교통이 밀리지 않고
복잡하지 않아
마음의 여유는 있으나
젊은 청년들에게 있어야 할
먹고살 만한 먹이가 없고
그렇다고 지방을 벗어나
분주하고 혼잡한 서울에는
젊은 세대가 품고 있을 만한
삶의 둥지가 없다고 한다
그래도 살만한 곳은
서로 부둥켜안고 숨 쉴 수 있는
공감할 수 있는 고향이 좋다.

건물과 육신

땅 위에 건물을 세울 때
기초 판을 설치하고
그 위에 기둥을 세워
층마다 슬라브를 만든 후
건물을 올린다
콘크리트 속에 배관들이 있고
최종 마감재 공사를 한다
우리 인체도 마찬가지
육신은 살 속에 뼈가 있고
오장육부의 기관들이 있으며
건물 속의 각종 배관 같은
핏줄과 근육이 있다
인체를 이루는 피부에는
인테리어 도배한 것처럼
모든 걸 감추는 겉옷이 있다
땅 위에 세운 고층 건물
채양이나 처마처럼
일종의 캔틸레버 구조물
지진과 풍압에 견딜 수 있게
땅속에 깊이 박아 놓아야 한다

땅 위에 서 있는 인간도
살아서 움직이는 건축물
세상 강풍에 견디기 위해서는
마음과 정신 그리고 근육을
잘 다듬어야 한다.

부족한 일손

농촌을 둘러보니
푸르른 오월 익어 가고

마른 논물 대어
모내기 준비하네

밭에는 말뚝 박아
고추 포기 심어 내고
구부린 허리 펼 일이 없네

동네마다 손길이 부족하니
농사짓기도 힘들고야

지금이야 그럭저럭
이웃 손 빌리지만
십오 년 지난 후에
누구 손 빌려 볼까

아뿔싸, 농촌 인구 고령화되어
어디 가서 젊은 일손 구해 볼까.

고향으로 돌아가리라

산산이 부서진 이름이여
거친 발길에 차여
이리저리 뭉개진 이름이여
풍미했던 한 세상 보내고
차가운 땅 위에 뒹굴며
봄바람에 휘날리는 이름이여
찢기고 찢기여 가루가 되더라도
고향의 분토가 되어
흔적 없이 사라질 낙엽의 분신들
인간의 거친 발길에 차여
말없이 사라지는 이름이여
그대는 이 땅의 주인이어라.

보는 관점

세상에 살다 보면
키워야 할 개가 있고
키우지 않아도 될 개도 있다
요즘 사람보다 더 아끼는
반려견이 있는가 하면
키울 필요가 없는
편견과 선입견이 있고
더욱 필요 없는 것은 꼴불견이다
그래도 키워야 하는 개는
식견과 후견이며
더욱 필요한 것은 인견(仁犬)이다
이 세상에는
한쪽으로만 보는 편견이 아닌
빛과 소금이 되는
중용의 삶도 중요하다.

욕조의 슬픔

세상의 모든 피로감
조그만 욕조에 담아
온몸을 포근히 감싼다

그렇게 물속에 담긴 몸
육신이 밖으로 나오니
빠져나가는 물소리
쪼르락 쪼르락

목이 마른 걸까 목이 타는 걸까
목마르다 목이 탄다고
외치는 물소리 같다

꼬르락 꼬르락 배고픈 걸까
욕조가 텅 비어 가니
포기한 듯 조용해진다.

그 어느 것보다

세상에 살면서
육신으로 들어 올리기에
무거운 것도 많은데

육중한 바윗돌뿐만 아니라
쇳덩이 운동 기구
들어 올리기도 무겁다네

피곤할 때 누웠던 육신
일으켜 세우기도 힘들고
잠자던 눈꺼풀 풀기도 어렵지만

세상에서 제일 무거운 것은
죽음에 임박한 환자가
자신의 눈꺼풀 들어 올리기가
가장 힘들다고 한다네.

승리의 환호성

아침마다 눈 뜨면
턱을 스쳐 가는 칼날
살아온 지금까지
날카로운 칼날에
베이고 또 베인다
봄날에 솟아나는 새싹처럼
매양 잘리고 잘리지만
끊임없이 솟아나는 너
아침마다 긁고 훑어 내지만
얼마나 지치고 지쳤으면
몇 번을 스쳐 가도 그 자리
무디다 못해 칼날을 교체한다
승리의 환호성을 올리는 턱수염.

들고양이의 슬픔

혹독하게 추운 겨울
매서운 찬 바람 피할 길 없어
숲속 땅굴이나 바위틈에
몸을 숨기고 깊은 한숨 쉬는
들고양이 마음을 그대는 아는가

간간이 먹잇감을 놓고 가는
마음 착한 사람들 보며
하루하루 쓰레기통을 뒤진다

해가 지고 갈 길 없어
도롯가에 멈춘
먼 길을 달려온 따스한 엔진

아직도 식지 않은
따뜻한 자동차 엔진 밑에서
추위에 언 몸을 녹이고
포근히 잠을 자야겠다

비좁은 공간이지만
포근한 이불처럼
따스한 온기가 있어 좋다

오늘도 열이 있는 차를 보며
이곳저곳 방황하는 들고양이.

붓끝이 가는 대로

마음을 가다듬고
잠시 생각을 멈춘다
세상의 온갖 시름
한쪽에 남겨 두고
마음속에 담아 둔 내용
하나하나 정리하여
백지의 화선지에 쏟는 순간
검은 벼루에 먹물을 갈고
가지런한 붓끝에 맛을 본다
검은 먹물 붓털에 스며들어
손가락과 팔에 기(氣)를 넣고
하얀 백지에 찍는 점 하나
붓끝에서 흘러나오는 먹물
꿈틀꿈틀 이리 휘고 저리 휘며
한 점 한 점 연결하여
맺고 끊으며 강약을 잇는다
흑과 백의 조화와 균형
가늘고 굵은 선의 율동
허공에서 춤을 추며
붓끝이 반듯 세워지면서
마침표를 찍는다.

다급한 마음

추운 겨울 조용한 공간에
다급한 마음으로
말 없는 변기 앞에 서서
조그만 커튼 손잡이를 잡고
아래로 급히 내린 후
두꺼운 속 이불 걷어 내니
쪼그라든 꼬추 찾기도 힘들다
겨우 뒤적거려 다급한 손놀림
커튼 밖으로 들어내어
한바탕 요동을 치니
그제야 마음이 편해진다
아아. 겨울이 원망스럽도다.

세월

어린 시절 고향을 떠나
낯선 고장에서 살다가
나이 들어 고향에 내려오니
사투리는 그대로인데
주름지고 머리칼만 희었구나

연로하신 어르신들
눈이 약하고 귀가 어두우니
흰머리 가득한 나를 보고도
처음 본 듯 누구냐고 묻는다

아. 물같이 흐르는 세월
그 누가 막을 수 있을까
늙기 전에 자주 만나세.

상경

고속도로 달릴 때마다
북받쳐 오르는 감정
2차선부터 꽉 밀린 차선
그럼에도 승용차라서
1차선으로 못 달리는 서러움이 있다
버스가 아닌 승용차의 억울함
설 명절 밀리는 차선을 보며
나도 1차선으로 달리고 싶다
열어 놓은 차창 밖에
쌩쌩 소리를 내며 달리는
봉고차들만 봐도 부럽다
오늘도 텅 빈 1차선 바라보며
달리고 싶은 욕망 억누르며
분당에 사는 딸애 집으로 향한다.

아버지 발은 대통령 발

어린 시절 꿈꾸던 마루 앞
항공모함 같은 검정 고무신이
침묵을 지키는 뜰팡에 있었다

키가 자그마했던 시절
기다랗게 보였던 고무신이
거대한 배처럼 보였던 것

코흘리개 어린 시절
대통령 발도 커다랗게 보였던 때

한 나라를 이끌던 지도자 신발
거대한 항공모함처럼
발바닥도 큰 줄 알았다

생각도 철이 없던 시절
길쭉한 아버지의 검정 고무신이
대통령 발처럼 크게 보였는지
아버지 발을 대통령 발이라고 했다

아마도 지금의 대통령 발도
돌아가신 아버지 발처럼
커다란 발일까
그렇게 여유 있고 듬직한
믿음직한 대통령이었으면 좋겠다.

생각하면 이루어진다

공백의 하얀 종이에
선을 그으면 그림이 되고

푸른 하늘에 구름이 흐르면
멋진 형상이 새겨지고

파란 바다에 파도가 치면
안개꽃 피어나듯

텅 빈 마음에
누군가 생각하면
그리움으로 피어난다.

우편함

며칠간 숨쉬기 어려운 듯
입 벌리고 헐떡거리는 우편함

배고파 우는 아이처럼
텅 빈 공간 소리 없는 아우성
오늘은 다 먹어 치울 듯
우편물 한입에 물고 있다
그동안 얼마나 기다렸을까
허기진 배를 채울 길 없어
누군가 입에 물어 주기를
애타게 기다렸던가
이곳저곳 빈 박스만 보이는데
이 집만 가득 찼구나
아마도 이사를 간 것일까
해외여행을 떠난 것일까
한입에 물고 있어
꿈처럼 삼키지 못하는
아파트 우편물 사물함.

콘크리트 쓰나미

굉음을 내며 치솟는 비행기
높은 공중에서 내려다본
도시의 풍경

우뚝 솟은 건물들이
야금야금 공터를 침범한다

아파트, 운동장, 체육관, 학교
빈 공간을 점령하는 건물들

파도가 풍랑을 일으켜
육지를 삼키듯
점점 밀려오는 인공물

얼마 전 논과 밭이었던 공간
먹잇감 찾아 쫓아오듯
크고 작은 괴물들이
물밀듯 밀려와
점점 사라지는 숲과 공터.

한 번의 삶

차디찬 아스팔트 도로에
드러누워 뒹구는 낙엽들

처절한 싸움 끝에
마음을 비우고
모체에서 떨어져 나온다

이른 봄 파란 새싹 돋아나
한평생 주어진 삶을 마치고
이제는 지체에서 떨어져
이별해야 하는 시간

달리는 차 뒤따라가며
팔랑거리는 낙엽들
온몸을 찢기고 먼지 되어
이름 없이 흔적도 없이 사라져 간다

우리의 인생도 때가 되면
사라져 가는 낙엽처럼 진토되어
또 다른 삶을 살아갈 텐데
어찌 그리 욕심을 내어
세상을 어지럽히는가.

망각의 방호벽

포성이 들린다

산 아래 저 멀리서
총칼 들고 쳐들어오는 함성

어느 도시를 지키던 굳건한 방호벽
저마다 흙을 파고
견고한 콘크리트로 몸을 지킨다

날아오는 총알
불꽃 튀는 총구의 번갯불
산새 소리 가득한 적막한 산속
총소리로 가득 찬다

전쟁의 엄포와 공포로
민주 시민들 억압하던 그 시절

고요한 숲속에서
말없이 자리를 지키고 있다.

카톡 친구

언제 어디서든 아무때고
대화를 나눌 수 있는 곳

화장을 안해도 좋고
멋진 옷을 입지 않아도 좋다

시간과 마음만 있으면 되는 곳
잠시 잠깐 동안 손가락 놀리며
수다 떨고 가는 곳

아침이면 카톡소리에 눈을 뜨고
밤새 잘 잤느냐고 인사하는 곳

이곳에서는 굳이
얼굴을 내밀지 않아도 된다

가끔은 시투른 글로
상대방 마음을 아프게 하지만
진정어린 사과를 하면 되는 곳

오늘도 이곳저곳 카톡방에서
카톡 카톡 인사를 한다.

익어가는 세월

바쁘게 살다보면
세월 가는 줄 모르고 산다

일에 파묻혀 살다 보면
코 베어 가도 모르는 세상

콘크리트 숲 도심을 벗어나
푸른 들녘에 나가면
노랗게 익어가는 벼 이삭들

교만하게 뻣뻣했던 고개
이제는 무거웠는지
햇볕에 익어 고개를 떨구고
종일 기도하고 있다

하나둘 비어가는 논
조금씩 세월이 흐르면
풍성했던 들판이
텅 빈 마음으로 허전하리라.

아침인사

이른 아침 산길에서 만난
오랜만에 보는 두꺼비
임을 찾아 나섰을까
밤새 무얼 먹었길래
옆구리 터지도록 배가 부를까
출산하기 위해 나선 것일까
오랜만에 보는 얼굴이라
나무에 기대어 기다렸나 보다
머리에 붙은 깨알 같은 눈
반짝이는 눈동자로
힐끗 쳐다보는 두꺼비
귀엽다 다가가니
부끄러운 듯 달아나네.

주기도문

하늘에 계신 우리 아버지여
이름이 거룩히 여김을
받으시오며 나라이 임하옵시며
뜻이 하늘에서 이룬 것같이
땅에서도 이루어지이다
오늘날 우리에게
일용할 양식을 주옵시고
우리가 우리에게
죄지은 자를 사하여 준 것같이
우리 죄를 사하여 주옵시고
우리를 시험에 들게 하지
마옵시고 다만 악에서
구하옵소서 대개 나라와
권세와 영광이 아버지께
영원히 있사옵나이다
우리 이 온 정에 주 기도문을
옮겨 쓰다

대양 축 원호

7부
존엄스러운 대 자연

거호룰인의잔리시에깨안이 하은두로망하하시내로시룰없시예
하와따자평이에고서서위 와심주려다외시여고영인며뚜으니호
리의르하생넘바기내내하막 이께워넣읍는의자혼도쉴른리내와
로집리심에처르를게원시대 라서하지침도의기을하만초로가는
다에니이선나셨으상수나기주나지라한다길이소시한장다부나
    영내정하이으로을의이가의와않도골내로름생는둘에그족의
    원가녕심다니내베목다나 지함을해짜가인을시도가누가함목
    히여나과나내머뚜전주를 팡께것룰기사도위키다으이나이자

꽃의 특성

꽃은 누굴 위해 향기를 품을까

아무도 알아주는 이 없고
바라봐 주는 이 없어도
꽃은 스스로 향기를 낸다

자연 속의 꽃은
누가 가꾸거나 돌보는 이 없는데
그토록 향기를 내는 걸까

자신을 만들어준 창조주
하나님의 손길을 고마워
소리 내어 말할 수 없는 이유로
자신만의 독특한 표현이리라
꽃은 자신을 사랑하고
아끼는 자에게 향기를 품는다.

바다와 샛강

깊은 골짜기에서
도심으로 유유히 흐르며
도랑을 거침없이 내려오던 강물
먼 길을 굽이굽이 흘러온 샛강은
아무 말 없이 포근히 받아주는
엄마 품 같은 바다에 안긴다

마치 태초에 헤어진 후
오랜만에 만나는 가족처럼
온갖 상처와 흙탕물을
끌고 들어온 샛강
그런 강물을 아무 말 없이
덥석 안아주고 위로해 주는 바다

온갖 세상에서 살아오면서
수많은 고초를 견디고 온 강물을
바다는 기쁜 마음으로 품어주고
소금물로 씻겨주며 정결케 한다

샛강 물 같은 고초를 당한 우리들
바다 같은 예수님 품에 안기면
우리를 정결케 해주시고
마음의 평안을 주시는
하나님께 의지하며 기도하자.

살아온 흔적

우주에서 바라본 지구
둥글고 옥 같은 보석이다

그 속에 사는 인류는
큰 바위에 박힌 보석이니
출생하여 사라질 때까지
지구에 속한 소중한 존재

그렇게 한평생 살다가
어느 한순간 박힌 자리에서
말없이 사라지는 생명

박힌 바윗돌에서
한 생명이 사라지면
그 영혼은 돌아온 곳으로
소리 없이 본향으로 떠난다

살아있을 때 박힌 곳에서
어떤 흔적을 남기고 떠나갈까

우주에서 지구를 바라보니
그 자리에 이름 하나가
소리 없이 사라져
빈자리만 남았네.

존엄스러운 대 자연

새들은 시력이 얼마나 좋으면
그 높은 곳에서 앉을 자리를 찾고
새들은 시력이 얼마나 좋으면
그 높은 공중에서 먹잇감을 찾을까

새들은 그 조그만 눈으로
어두운 밤하늘 날며
나뭇가지에 앉을 자리를 찾고
내비게이션도 없으면서
자신의 집을 찾아갈까

새들은 어찌하여
인간처럼 기계에 의존함 없이
자신의 집을 짓고
폭풍우 속에서도 날아가는 걸까

새들은 어찌하여
입을 옷도 없으면서
추운 겨울을 견디는 것일까

인간은 만물의 영장이라고 하지만
어찌 보면 조류만큼도 못하다
그래서 대자연은 존엄하다.

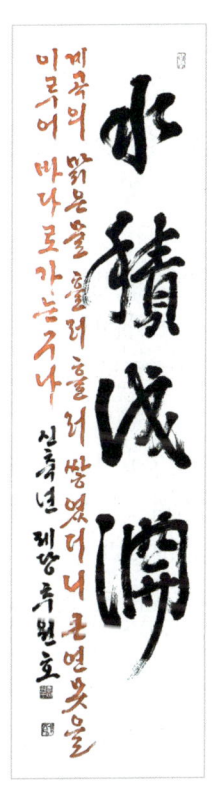

자전

오늘도 어김없이
하루의 해가 뜨고 진다
아침에 뜨는가 싶었는데
벌써 하루가 무심히 간다

하루가 한 시간 같고
일주일이 하루 같고
한 달이 일주일 같다

세월은 나이만큼
흐른다 하는데
80킬로로 달리는 것 같다

낮 동안에 떠 있는 해는
그 자리에 있는 것 같은데
서산에 걸린 해는
눈 깜짝할 사이에 지고 만다

해가 지는 것이 아니라
땅이 돌고 있는 거겠지

먼바다 지평선에 걸쳐있는 태양
순식간에 사라지지만
실은 지구가 태양을 도는 것이라:

생명력

지구의 모든 생명
하나하나 생각하면 위대하다

벌레들은 자신의 생명을 위해
봄날 꽃이 피는 날
꽃 속에 일찍 들어가
가을의 열매 속에서
기꺼이 버티고 산다

가을까지 익어가는
과일이나 알밤 속에 안주하는
벌레들의 속성

그뿐이랴
우리 인간들의 몸속에도
수억 개의 생명들이 살고 있으니
그 생명들은 몸속에 있으면서
호시탐탐 생명 탄생을 위해
기회를 엿보고 있다

세상에는 하찮은 것이라도
고귀한 생명력이 있으니
어쩌면 존귀하게 보일 뿐이다.

사랑이란

미워도 끝까지 미워하지 않고
예쁘게 보아주는 것이 사랑이고

끊고 싶고 버리고 싶은 것 참고
끝까지 생각해 주는 게 사랑이며

멀리 있어도 생각나고
눈 감아도 눈을 떠도
또 그리운 사람이 사랑이다

눈앞에서 눈 흘기며
토라져 버려도 돌아서면
다시 생각나는 사람이 사랑이다.

아름다운 인연

세상사 인연은
억지로 되는 게 아니라
아무도 모르게
저절로 찾아옵니다

인간사 헤어짐도
억지로 되는 게 아니라
때가 되면 저절로 되어집니다

세찬 바람이 불면
촛불은 꺼지지만
내 안에 있는 어떤 것은
바람이 불어도
꺼지지 않습니다.

좋은 인연은
내 안에 있는 별과 같이
마음속에서 빛이 납니다

세찬 바람이 불어도
쉽게 꺼지지 않는
별빛과 같은 인연

참 좋은 인연은
밤하늘 별과 같이
영원히 빛날 것입니다.

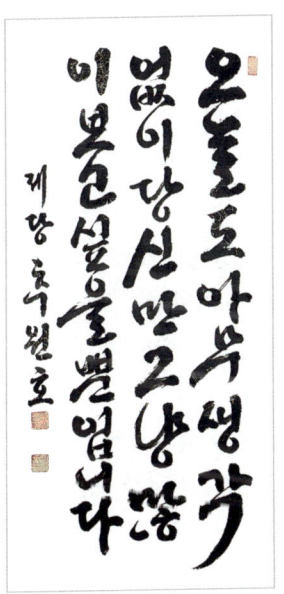

동굴과 터널

어둠과 두려움
끝없는 외로움의 시간
걸어가도 희망이 보이지 않는
긴 동굴의 여정
행여 극적인 변화를 기대하지만
가도 가도 또 다른 출구 없는 동굴

자연적인 동굴에 비해
인위적인 기다란 터널은
두려움으로 시작되지만
걷다 보면 언젠가는
밝은 빛을 볼 수 있다는 희망
어둠의 긴 터널을 지날 때
걱정에서 기쁨으로 동반한다

시시각각 어둠이 진행되지만
참고 견디면 소망과 환희가 오는 곳
터널은 비록 어둠 속에서
견디고 인내하면 기쁨이 온다는 것

우리의 인생도 터널처럼
참고 견디고 산다면
슬픔과 절망을 벗어나
희망과 기쁨이 찾아오는 것.

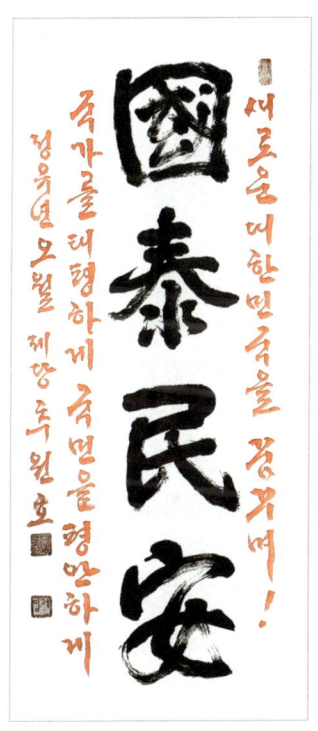

바위

산속 깊은 산 능선에
억년 동안 함묵을 지키고 있는 너
가을비 촉촉이 내리는 아침에도
말없이 넙죽 엎드려 인사한다
봄이면 진달래 피고
여름이면 단풍잎이 그늘 만들고
가을이면 능선 따라 부는
선선한 바람과 벗 삼아
울긋불긋 단풍잎이 덮어주며
겨울이면 하얀 솜털 같은 눈으로
포근히 감싸주는 너
그렇게 억년 동안 그 자리를
말없이 지켜주고 있다
비록 겉으로는 함묵하고 있지만
내면에서는 원자와 분자의 요동으로
수없이 운동을 하고 있을 너
무거워 몸은 움직일지 몰라도
고요히 세월을 버티고 있다
오늘도 가을비 내리는 아침
침묵으로 말하고 있는 너를 만지며
마음속의 기도를 올려본다.

끝없는 기도

한 알의 씨앗이 흙속에 묻히니
땅속에서 생명이 움튼다

조그만 씨앗은
태초의 언어가 스며 있고
티눈 같은 알갱이 속에
온 우주의 메시지가 있다

이른 비와 늦은 비 맞으며
때에 따라 꽃이 피고
풍성한 열매가 맺는 시간

그렇게 수많은 기억을 간직한
흙 속의 조그만 씨앗은
싹이 트고 나무가 되어
자신의 사명을 수행하면서

이른 봄 땅속에 묻힌 씨앗은
하나님이 주신 풍성한 은혜로
세상에 환한 미소와 기쁨을 주며
주어진 한 생명을 마감한다.

삶의 필요조건

사람에게 세 가지가 없었으면
어떤 상황이 왔을까
사람에게 '죽음'이 없게 될 때
막상 죽어야 할 때 못 죽게 되면
얼마나 고통스러울까
사람에게 '성장'의 멈춤이 없다면
어떤 상황이 오게 될까
건물 내에 살지 못하여
건물이 필요 없게 되고
대나무처럼 야외에서 살아야 한다
사람에게 '변화'가 없다면
어떤 상황이 올까
얼굴에 늙음의 표시가 없게 되면
분명 나이는 많은데
노소의 구분이 없게 되고
대접도 못 받게 될 것이다
진정 사람에게 죽음이나
성장 그리고 변화가 없다면
상상하기조차 어려운
힘든 상황이 왔을 것이다

우리에게 때에 따라 변화가 오고
죽음이 있을 때 죽고
적당히 키가 크고
멈춤이 우리에게 있으니
얼마나 행복한 존재인가.

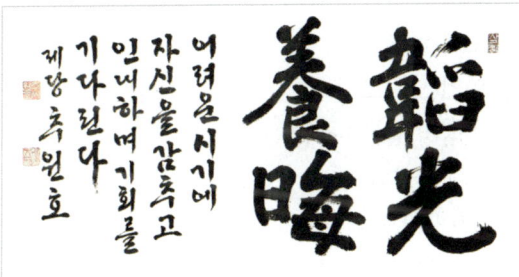

새 생명 주셨으니

이제 갓 태어난 새싹들이 말한다
하나님이 새로운 생명 주셨으니
목숨 다할 때까지 뭐 할까
잔가지 나무 위에서 춤을 추며
산새들과 입 맞추어 노래하고
흐르는 구름 바라보며 손짓하고
새들의 보금자리 만들어 주며
가끔 다람쥐와 뽀뽀도 하고
지나가는 고독한 인간에게
눈웃음 지으면 맑은 공기 줘야지
비가 오고 바람 불면
쌓인 먼지 씻기고
주어진 생명 힘을 다해
하나님께 찬양하며
두 손 모아 기도 해야지
그런데 늘 푸른 소나무야
너희들은 지치지도 않느냐
우리들처럼 새봄 되면
태어나는 기쁨도 있어야지.

불의 세계

거친 짐승을 다루는 방법은
입에 재갈을 물리는 것과
매로 다스리는 것이 있고
망망대해 광풍에 밀려가는 배도
지극히 작은 키 하나로
사공의 뜻대로 운행하는 것이니
지극히 작은 불이
수많은 나무와 재산을 불태워
한순간 잿더미로 만들듯이
우리 입안의 작은 혀가
얼마나 많은 사람을 괴롭히고
온몸을 더럽히는가
작은 지체 혀의 잘못된 놀림으로
우리의 인생 삶의 수레바퀴를
순식간에 불사르고 재로 만든다
한치도 안되는 자신의 혀는
길들일 사람이 없고
쉬지 않는 악이요 죽이는 독이라
작은 지체인 혀로 하나님을 찬송하고
하나님의 형상대로 지은 사람을
멸시하거나 저주하지 말고
서로 칭찬하고 격려하여 선(善)을 지키자.

삶의 멍자국

커피 향내 나는 멋진 곳
커다란 고목탁자가
꿈틀거릴 듯 멋을 풍긴다

고통의 숨결이 스며있는
응어리진 가슴을 베어낸 듯
깊은 상처가 숨을 쉬고 있다

탁자 위의 아름다운 무늬는
그 나무가 성장하면서
외부 충격에 고통을 당하며
내부에서 치유되는 과정에
생긴 상처라 하니
보는 이의 가슴을 아프게 한다

우리도 성인으로 성장하면서
많은 시련과 고통
참을 수 없는 어려움을 겪으면서
인격이 성장하고
아름답게 변해가는 것

외부의 충격에 의한 고통이
내부에서 참고 인내하며
성장하는 과정에서
멋진 삶이 이어지리라.

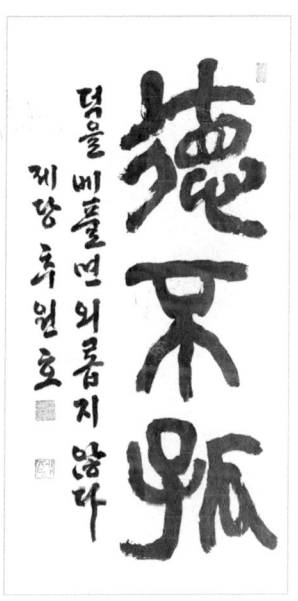

믿음의 선택

기독 신앙이 깊은 마을에
술집이 들어서면서
그 마을은 전에 없던
이상한 일들이 생긴다

참다못한 기독교 신자들은
교회나 모임에서 함께 모여
그 술집이 불타 없어지길 기도한다

어느 날 갑자기 술집이 불이 나자
술집 주인은 기독교 신자들이
자신의 집을 저주하며 기도해서
불이 났다고 손해배상 소송한다

판사는 술집 주인에게
그 기독교 신자들의 기도를
믿었기 때문이냐고 물어본다

판사는 주민대표에게
주민들의 간절한 기도 때문에
술집에 불이 났다는 것을
믿지 않았느냐?

술집에 불이 난 것은
누구의 책임으로 돌아갈까.

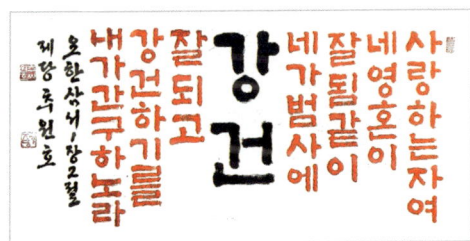

연리지

서로 다른 시기에
서로 다른 씨앗이
가까운 곁에서 자라
어느덧 한 몸 이룬 사이

따뜻한 손 잡지도 못하고
껴안지도 못했는데
어쩌다 한 몸 이룬 우리

아침 눈 뜨면 보이고
저녁이면 달빛 마주 보고
하루를 보내야 하는 운명

비록 들려주는 노래 없어도
사랑한단 말이 없어도
서로 맞닿은 느낌으로
서로의 감정을 느끼며 산다

두 팔로 잡지는 못해도
달라붙은 체온을 느끼며
부대끼고 위로하며 살아야 한다.

인연

두 주먹 불끈 쥐고
좁은 터널 겨우 나와
눈부신 세상 바라보니
견딜 수 없어 울음을 터뜨린다
그렇게 시작된 울음이
세상에 살면서 슬픈 일 많고
괴로운 일 많음을 깨달았음이야
좋은 일만 있는 것도 아니고
매양 슬픈 일 있는 것도 아닌데
어울렁더울렁 살면서
맺혀진 인연 끊지 말고
두 주먹 불끈 쥐고 외친 그때처럼
이 세상 끝나는 그날까지
서로 맺어진 질긴 끈
억지로 끊으려는 생각보다
비록 바쁘고 힘든 세상 속에서
따뜻한 위로와 용기 주며
사랑으로 보듬고 살아가는 인생.

천사들의 합창

오랜만에 봄비가 내리고
대지가 촉촉이 적시는 날

가느다란 가지 위에
연한 녹색 날개를 달고
두 팔 벌려 기지개 켜듯
봄날 햇빛을 즐기는 천사들

엊그제 밤톨만 한 눈이 생겨
옷깃을 여미는 찬 기운 돌아
필 듯 말 듯하던 잎

어느새 가지 끝에 걸터앉아
봄날을 즐기고 있다

혹독한 긴긴 겨울
이날을 얼마나 기다렸을까

아침 해가 떠오르는 날
누가 먼저 터뜨릴까
이곳저곳 톡톡 터지는
하얀 꽃송이들의 아우성.

말의 힘

자신이 내뱉은 말은
내 삶을 창조하는 도구
입 밖에 내는 순간
우리의 몸과 마음은
말을 실현시킬 준비를 한다
봄날 농부가 뿌린 곡식
가을에 결실을 기다리듯
자신의 마음 밭에 뿌린 말
땅속의 씨앗처럼
싹을 틔워가는 과정이다
무심코 내뱉은 말은
사라지지 않고
서서히 싹을 틔워가며
말대로 시작하는 과정
입 밖에 나온 말은
허공에 사라지지 않고
마음속에 파고들어
내 삶을 지배해 나가니
자신의 몸과 마음을 지키는
희망적이고 긍정적인 메시지로
인생을 굴러가게 하는 바퀴가 되자.

마음은 어디에

마음은 날개가 있을까
날개도 없이 이곳저곳
생각하는 대로 마음은 간다
발도 없는 것이
다니는 곳은 많다
엑스레이나 MRI로도
볼 수 없는 마음
뇌에 있을까 심장 속에 있을까
아니면 뱃속에 있을까
충격을 받았을 때
의식을 잃어버리니
마음이 뇌에 있는 걸까
신경 쓰일 때 소화가 안 되니
뱃속에 있기도 하고
가슴 아픈 일 당할 때
심장이 뻐근해지는 것 보면
마음이 심장에 있는 것일까

감당하기 힘든 상처를 받을 때
종이 한 장 들 기력이 없는 걸 보면
분명 마음은 핏속에 있는 것 같다
마음을 다스리는 힘은
혈액 속 세균을 잡아먹는
마음의 백혈구처럼
나 자신이 내는 목소리이다.

빛의 존재

빛은 어떤 사물에 비추어야
자신이 빛임을 안다

빛의 존재는
암흑 속에서만 있고
어둠은 빛이 없어야 존재한다

침묵 속에 있던 사물은
자신을 깨우는 빛에 의해
존재 가치가 드러나고

사물에 빛이 닿기 전까지는
자신이 어떤 존재인지 모른다

보석처럼 아름다운 모습일지라도
자신을 비추는 빛에 의해
세상에 알려지는 것이니

말없이 바라보는 것보다
상대방이 빛이 나도록
격려하고 용기를 주는 빛이 되자.

시작은 미약하였으나

태초에 혼돈하고 공허하며
흑암이 깊은 생명 없는 이 땅을
하나님은 손수 만드시고
뜨거운 용암과 안개가 자욱한 땅에
물을 만들고 바다를 만들어
물속에 생명들이 살게 하시고
황폐한 이 땅을 기는 동물과
나는 새를 만들었으니
참으로 위대하신 분이시다
아직 식지 않은 지구가
굳은 바위로 굳어져 갈 때
어디서 물이 날아와 바다가 생기고
궁창에는 구름이 만들어졌을까
우주에 하나둘 별이 생기고
아침이 되고 저녁이 되니
계곡에 쌓인 물들은
생물들을 번성케 되니
하나님이 보시기에 좋았더라.

구름 아래 풍경

쌓인 눈처럼 운무 상공을 나른다
푸르다 못해 옥 같은 시린 하늘
눈부신 창공을 바라보며
눈처럼 하얀 구름 위를
혼자 걷는 것처럼 나른다
오로지 허공에서 바라보는
지구의 속살
솜털 같은 구름 아래
어떤 생명도 존재하지 않을 것 같은
공허한 땅이라고 여기지만
구름 아래 깊숙이 내려가면
온갖 이름 모를 생명들이
저마다 소리치며 있을 줄이야
구름의 장막을 헤치고
땅 위로 내려오니
이름도 셀 수 없는 생명체들이
가득히 메꾸고 있다

그 속에서 사랑 없이
살기 위한 자리를 차지하느라
저마다 아귀다툼으로
싸우고 있는 생명들
차라리 이 땅의 추함을 보지 않을
청명한 하늘 아래 눈이 시린
구름 위에서 살고 싶다.

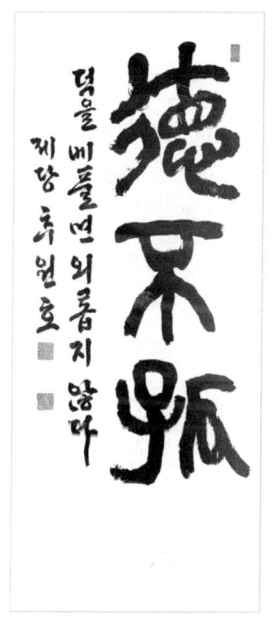

출산의 고통 I

골목길이 좁아서일까
다리에 힘을 주고
아랫배에 힘을 주니
통로가 막힌 듯
입구에서 맴돌고 있다
아마도 뱃속에서 놀라
한꺼번에 출구 쪽으로 몰리니
빠져나가지 못하고
엉키고 성긴 것 같다
좁은 문을 겨우 열고
단단해진 머리가 조금씩
세상 밖으로 나온다
눈부신 햇빛에 놀라
수줍은 듯 다시 들어가는 변비
밀려드는 물결에 돌아서지 못하고
눈부신 밖을 향해 고개를 내민다
하염없이 떠밀리고 밀리다
발가벗은 맨몸으로
차가운 물 속에 뛰어드는 너
물에 빠진 너를 바라보며
깊은 한숨 내쉬는 나의 모습.

출산의 고통 II

힘주고 힘주어도
이마에 땀방울만 송골송골
어두운 구석에 웅크리고 앉아
도대체 나올 생각 없이
두 팔 벌려 버티고 있다
쪼그렸다가 섰다가
앉아서 두 팔 머리 쥐어짜고
핏대가 솟을 만큼 힘주어도
좀처럼 고개를 내밀 줄 모른다
밝은 세상이 그토록 싫은가
이를 악물고 아랫배에 힘주니
지치고 힘이 빠진 듯
어쩔 수 없이 포기하는 변비
버티고 미안했는지
이내 물속에 숨어 버린다
한바탕 씨름하고 나니
이마에 땀방울만 맺힌다.

오늘의 기도

물고기는 물을 떠나 살 수 없고
기차는 선로를 떠나 달릴 수 없듯이
우리는 하나님의 은혜를
떠나서는 살 수 없다

우리에게 날마다 일용할 양식
허락하신 하나님께
오늘도 감사 기도 올립니다

가진 것 없다고 푸념하지 않게 하시고
많이 가졌다고 교만하지 않게 하소서

오로지 주님만 바라보는
기도의 삶이 되게 하시고
주님께서 주신 것을 만족하며
감사하는 마음 잃지 않게 하소서

가나안의 삶을 누릴 때
애굽의 삶을 잊지 말아야 하듯이
만물이 풍족한 이때
궁핍했던 시절 잊지 않게 하시고

부요할 때 가난했던 삶을 생각하며
하나님의 은혜를
간절히 구하는 삶이 되게 하소서.

청산 무언

청산은 말없이 살라하고
창공은 티 없이 살라 하지만
입이 있고 눈이 있어
말도 해야 하고 보이는 게 많다
말없이 살라 함은
할 말도 줄이고 자제하라는 뜻
티 없이 살라 함은
부정하지 말고
깨끗하게 살라지만
신이 아닌 사람일진대
어찌 그리 살 수가 있을까
말을 줄이고 정직하게 살 뿐.

누가 알까

이름도 없었던 한 생명
내가 태어나고 싶어서
세상에 나올까

어쩌다 세상에 나와보니
태어난 것을 안다

그럭저럭 살다가 가는 인생
죽는 줄 뻔히 알면서
죽기로 살기로
헤매다 세상을 떠난다

떠날 때도 태어난 것처럼
나 자신도 모르게 떠난다

부모의 즐거움 끝에
한 생명이 부지중에 태어나고
떠날 때는 홀로 빈손으로 가는네
그것이 인생인 것을 알까.

접선

햇살이 팔랑이는 아침
가느다란 밧줄타고
바람에 기대어 내려오는 천사

땅에서 기다리는 님을 위해
먼 천리 길을 걷는다

홀로 걷는 길 무서워
친구들 함께 내려와
두 팔 벌리고 기다리는
정겨운 님을 만나는 넝쿨

행여 미끄러질까
두 손 꼭 쥐고
저 아래 머나먼 길
새 하늘과 새 땅이 만난다.